따라 쓰기부터 내 일기까지 **하루 4쪽이면 완성!**

바빠 초등

영어 쓰기

Diary

이지스에듀

지은이 | 성기홍(효린파파)

EBS English 대표 강사이자 효린파파e어학원 대표이다. 13년 동안 중·고등학교에서 영어를 가르친 전직 교사이기도 하다.

효린·이준 두 아이의 아빠로서 아이들이 영어에 푹 빠져서 정말 영어를 잘하게 되는 환경을 탐구하고 실천하고 있으며, 이렇게 터득한 영어 코칭 노하우를 '효린파파' 인스타그램과 유튜브 채널을 통해 아낌없이 공유하고 있다. 아이들에게 시험도 잘 치고 현실에서도 사용할 수 있는 진짜 영어 실력을 키워 주기 위해《바빠 초등 영어 일기 쓰기》를 집필했다. 저서로는《효린파파와 함께하는 참 쉬운, 엄마표영어》가 있다.

• 인스타그램 @hyorin_papa2
• 유튜브 youtube.com/@hyorinpapa

감수 | Michael A. Putlack (마이클 A. 푸틀랙)

미국의 명문 대학인 Tufts University에서 역사학 석사 학위를 받은 뒤 우리나라의 동양미래대학에서 20년 넘게 한국 학생들을 가르쳤다. 폭넓은 교육 경험을 기반으로『미국 교과서 읽는 리딩』같은 어린이 영어 교재를 집필했을 뿐만 아니라『영어동화 100편』시리즈,『7살 첫 영어 - 파닉스』,『바빠 초등 필수 영단어』등의 영어 교재 감수에 참여해 오고 있다.

따라 쓰기부터 내 일기까지 하루 4쪽이면 완성!

바빠 초등 영어 일기 쓰기

초판 1쇄 발행 2024년 1월 19일
초판 4쇄 발행 2024년 6월 25일
지은이 성기홍   원어민 감수 Michael A. Putlack (마이클 A. 푸틀랙)
발행인 이지연
펴낸곳 이지스퍼블리싱(주)   제조국명 대한민국
출판사 등록번호 제313-2010-123호
주소 서울시 마포구 잔다리로 109 이지스 빌딩 5층(우편번호 04003)
대표전화 02-325-1722   팩스 02-326-1723
이지스퍼블리싱 홈페이지 www.easyspub.com   이지스에듀 카페 www.easysedu.co.kr
바빠 아지트 블로그 blog.naver.com/easyspub   인스타그램 @easys_edu
페이스북 www.facebook.com/easyspub2014   이메일 service@easyspub.co.kr

본부장 조은미   기획 및 책임 편집 이지혜 | 정지연, 박지연, 김현주   교정교열 안현진   문제 검수 이지은
표지 및 내지 디자인 손한나   조판 김민균   일러스트 김학수   인쇄 보광문화사   독자지원 오경신, 박애림
영업 및 문의 이주동, 김요한(support@easyspub.co.kr)   마케팅 박정현, 한송이, 이나리

ISBN 979-11-6303-540-4 63740
가격 15,000원

• 이지스에듀는 이지스퍼블리싱(주)의 교육 브랜드입니다.
  (이지스에듀는 학생들을 탈락시키지 않고 모두 목적지까지 데려가는 책을 만듭니다!)

 추천의 글

> ## "
> # 펑펑 쏟아져야 눈이 쌓이듯,
> # 공부도 집중해야 실력이 쌓인다.
> "

영어 전문 명강사들이 적극 추천하는
'바빠 초등 영어 일기 쓰기'

쓰기 평가는 물론 영어를 유창하게 해 줄 책!

영어로 일기를 쓰는 것은 영어를 유창하게 해 줄 뿐만 아니라 중학교 때 쓰기 영역 평가에 자신감을 갖게 해 줍니다.

특히 매일 2장씩, 버겁지 않은 분량을 한 달 동안 학습하면서 영어 쓰기 습관을 기를 수 있어요. 홈스쿨링 교재나 학교나 학원 특강용으로도 좋은 교재이고요!

이은지 선생님
(주)탑클래스에듀아이 영어 강사

친구들의 대표 일기를 살펴보다 보면
내 일기가 써지는 책!

'바빠 초등 영어 일기 쓰기'는 친구들의 대표 일기를 살펴볼 수 있을 뿐만 아니라, 'idea box'와 '영어 일기 표현 사전'을 통해 내가 쓰고 싶은 표현을 찾아 쓸 수 있어서 영어 일기 쓰기가 쉬워지는 교재입니다.

영어 일기 쓰기를 시작하고 싶다면 '바빠 초등 영어 일기 쓰기'를 적극 추천합니다.

유혜빈 선생님
서울 포레스픽 어학원 영어 강사

아이들이 자주 틀리는 문법까지
총정리할 수 있는 책!

'바빠 초등 영어 일기 쓰기'는 아이들이 일상에서 자주 쓰는 영어 표현을 익히며 실수하기 쉬운 문법까지 한 번에 총정리할 수 있는 유익한 교재입니다.

하루에 한 편씩, 체계적인 4쪽 학습 설계를 따라 학습해 보세요! 이 책을 따라 영어 일기를 쓰다 보면 튼튼한 영어 기초 근육이 생길 거예요.

어션 선생님
기초 영어 강사, '어션영어 BasicEnglish' 유튜브 운영자

일기 쓰기에 꼭 필요한
30가지의 주제를 다룬 책!

영단어와 영문법을 공부했다고 저절로 영작이 될까요? 입을 열고 직접 말을 해 봐야 회화가 늘듯, 글도 직접 써 봐야 자신의 문장을 써낼 수 있습니다.

영작이 막막한 아이들에게 '바빠 초등 영어 일기 쓰기'를 추천합니다! 30가지 주제를 재미있게 쓰다 보면 자신의 문장을 써내게 될 거예요!

클레어 선생님
바빠 영어쌤, 초등학교 방과 후 영어 강사

3

따라 쓰기의 한계를 넘어, 진짜 내 일기가 술술!

《바빠 초등 영어 일기 쓰기》

점점 중요해지는 영어 쓰기 영역

 듣기, 읽기, 말하기, 쓰기 중 최근 학교에서 점점 더 중요하게 여기고 있는 영역은 무엇일까요? 바로 쓰기입니다. 선다형 문항, 주관식 단답형 문항만으로는 영어 실력을 평가하기 어렵기 때문에, 정확한 실력 평가를 위해 영어 쓰기 수행평가가 강화되고 있습니다. 그래서 영어 쓰기는 더 중요해졌지요. 하지만 영어 쓰기의 중요성에 비해 어떻게 공부해야 할지는 잘 알려지지 않아 쓰기를 막연하게 두려워하는 친구들이 많습니다.

'영어 일기 쓰기 4쪽 학습법'으로 혼자서도 쓸 수 있어요!

영어 쓰기가 막막하고 두려운 친구들이라면 이 책의 '영어 일기 쓰기 4쪽 학습법'으로 체계적으로 공부하길 추천합니다.

1쪽 초등학생이 자주 접할 만한 주제로 대표 일기를 구성했어요. 대표 일기를 읽어 보면 영어 일기 쓰기의 막막함이 줄어들 거예요.

2쪽 앞에서 학습한 대표 일기를 떠올리며, 한 문장씩 영작해 보세요. 혹시 어렵다면 대표 일기를 보고 따라 써도 좋아요.

3쪽 대표 일기를 따라 쓴 후 STEP2의 문장 바꿔 쓰기를 통해 패턴 문장도 익혀 보고 다양한 표현도 익혀 보세요. 또 STEP3의 틀리기 쉬운 문법도 함께 살펴볼 수 있어요.

4쪽 이제 '대표 일기'를 '나의 일기'로 바꾸어 써 보세요. 기본 표현 외에 660여 개의 확장된 표현을 책 속 부록에서 자유롭게 찾아 써 보면 더 좋아요.

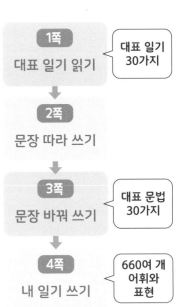

4

30가지 주제별 대표 일기로 일상 표현을 익히니 재미있게 시작할 수 있어요!

《바빠 초등 영어 일기 쓰기》는 학교생활, 일상생활, 소개 일기, 감사 일기 등 총 30가지의 초등학생의 일상 밀착형 주제와 소재를 다루고 있어요. 초등학생이라면 꼭 쓰게 되는 소재이기 때문에 무슨 내용을 써야 할지 헤매지 않고 재미있게 시작할 수 있어요.

일기 쓸 때 자주 실수하는 문법 30가지를 총정리할 수 있어요!

대표 일기에는 친구들이 자주 실수하는 문법도 표시되어 있어요. 틀린 문법과 바르게 고친 문법을 동시에 확인한 다음 '자주 실수하는 문법 확인하기' 코너를 통해 문법을 다지고 넘어갑니다.

STEP3의 문법 총정리만 익혀도 정확한 문장으로 영작할 수 있는 힘이 생길 거예요.

책 속 부록 660여 개 주제별 어휘와 표현으로 어휘력 쑥쑥!

내 일기 쓰기를 스스로 구성할 수 있도록 아이디어 박스Idea Box 속 다양한 어휘와 표현을 통해 내 표현을 골라 쓸 수 있어요. 또한 '영어 일기 표현 사전'에서 660여 개의 주제별 표현을 추가로 만나 볼 수 있습니다. 내 기분, 느낀 것, 배운 것 등 내가 쓰고 싶은 표현을 찾아 문장을 완성해 보세요. 나도 모르는 사이에 어휘력이 풍부해질 거예요.

영어 쓰기를 하루아침에 잘 쓸 수는 없어요. 평소 쓰기를 꾸준히 하며 자기 문장을 늘려 가는 습관이 중요합니다. 《바빠 초등 영어 일기 쓰기》로 30일 동안 하루 한 편씩 꾸준히 읽고 나만의 표현으로 응용해 보세요. 따라 쓰기의 한계를 넘어 나만의 영어 일기를 써내는 힘이 생길 거예요! 자, 그럼 시작해 볼까요?

TIP
'오늘부터 30일 동안 영어 일기 쓸 거야!'라고
공개적으로 약속하면 끝까지 풀 확률이 높아진대요!
결심과 함께 책 사진을 찍어
친구나 부모님께 공유해 보세요!

Contents

바빠 촉등 영어 일기 쓰기

하루 4쪽
30일이면
완성!

바빠

공부한 날

정답

1쪽 대표 일기 읽기 · Mina와 Andy가 쓴 일기 한 편을 보세요!

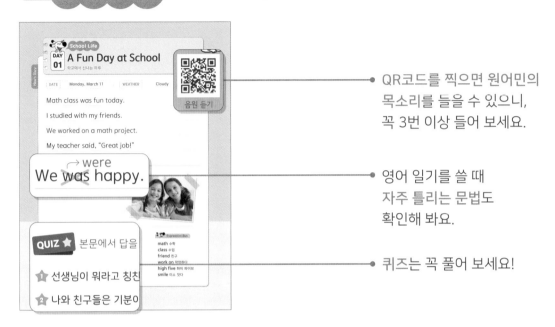

● QR코드를 찍으면 원어민의
목소리를 들을 수 있으니,
꼭 3번 이상 들어 보세요.

● 영어 일기를 쓸 때
자주 틀리는 문법도
확인해 봐요.

● 퀴즈는 꼭 풀어 보세요!

2쪽 일기 따라 쓰기 · 일기의 흐름을 파악해요!

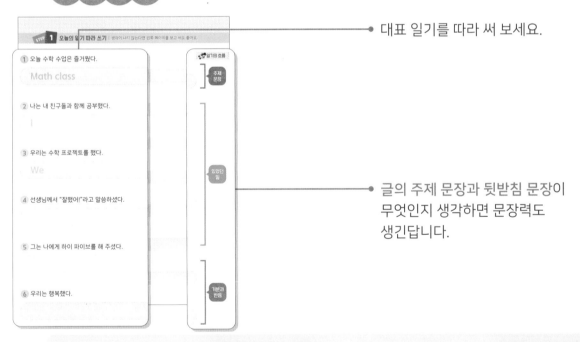

● 대표 일기를 따라 써 보세요.

● 글의 주제 문장과 뒷받침 문장이
무엇인지 생각하면 문장력도
생긴답니다.

같이 보면
좋은 책

**초등 영문법을
최근에 뗐다면?**

《바빠 초등 하루 5문장 영
어 글쓰기1, 2》까지 학습
하면 짧은 글쓰기 패턴을
연습할 수 있어요.

**초등 영문법을
뗀 적이 없다면?**

《바빠 초등 영문법 - 5·6
학년용1, 2, 3》까지 학습
하면 문장을 정확하게
쓰는 연습할 수 있어요.

3쪽 문장 바꿔 쓰기

일기 속 핵심 패턴 문장을 바꿔 써 봐요!

대표 일기 속 핵심 패턴 문장을 바꿔 쓰며
한 번 더 익혀 봐요!

3쪽 자주 실수하는 문법 확인하기

일기 쓰기 필수 문법 30개를 확인해요!

일기 쓸 때 자주 실수하는 문법을
문제를 풀며 다질 수 있어요.

4쪽 내 일기 쓰기 내 생각을 넣어 내 일기를 완성해요!

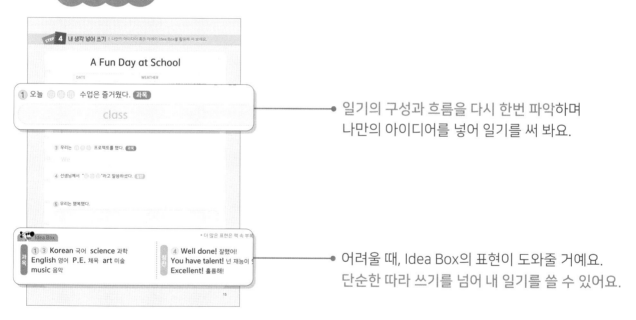

일기의 구성과 흐름을 다시 한번 파악하며
나만의 아이디어를 넣어 일기를 써 봐요.

어려울 때, Idea Box의 표현이 도와줄 거예요.
단순한 따라 쓰기를 넘어 내 일기를 쓸 수 있어요.

✚책 속 부록: 영어 일기 표현 사전

본문에 수록되지 않은 660개의 어휘와 표현을
제공합니다. 내가 쓰고 싶은 표현을 찾아 쓸 수
있으니, 천천히 읽어 보며 체크해 놓았다가 내
일기에 활용해 보세요!

영어 일기 쓰기 꿀팁

Monday, March 11th, 2024

Day 요일   Date 월+일   Year 연도

• 쓰는 순서도 꼭 기억해요!
• 요일, 월은 줄여서도 쓰기도 해요!
• 요일, 월의 첫 글자는 항상 대문자!

· 요일

일요일	Sunday(Sun.)	목요일	Thursday(Thurs.)
월요일	Monday(Mon.)	금요일	Friday(Fri.)
화요일	Tuesday(Tues.)	토요일	Saturday(Sat.)
수요일	Wednesday(Wed.)		

· 월

1월	January(Jan.)	7월	July(Jul.)
2월	February(Feb.)	8월	August(Aug.)
3월	March(Mar.)	9월	September(Sept.)
4월	April(Apr.)	10월	October(Oct.)
5월	May	11월	November(Nov.)
6월	June(Jun.)	12월	December(Dec.)

· 일(서수): 숫자만 써도 돼요

1st	2nd	3rd	4th	5th	6th	7th
first	second	third	fourth	fifth	sixth	seventh
8th	9th	10th	11th	12th	13th	14th
eighth	ninth	tenth	eleventh	twelfth	thirteenth	fourteenth
15th	16th	17th	18th	19th	20th	21st
fifteenth	sixteenth	seventeenth	eighteenth	nineteenth	twentieth	twenty-first
22nd	23rd	24th	25th	26th	27th	28th
twenty-second	twenty-third	twenty-fourth	twenty-fifth	twenty-sixth	twenty-seventh	twenty-eighth
29th	30th	31st				
twenty-ninth	thirtieth	thirty-first				

2 날씨 표기 방법

(It's) **rainy**
↓
날씨 표현

· 날씨 표현(형용사, 명사)

건조한	dry	시원한	cool
눈송이	snowflakes falling	쌀쌀한	chilly
눈에 덮인	snowy	아주 뜨거운	really hot
다소 추운	nippy	안개가 낀	foggy
따스한	nice and warm	어느 정도 화창한	partly sunny
미세먼지	fine dust	영하의	freezing
바람이 많이 부는	windy	이슬비	drizzle
비가 많이 오는	rainy	추운	cold
산들바람이 부는	breezy	타는 듯이 더운	scorching hot
세찬 눈	heavy snow	폭우	heavy rain
소나기	rain shower, showers	화창한	sunny
		후텁지근한	muggy
습한	humid	흐린	cloudy

3 문장 부호

.	문장이 끝날 때 사용
,	대상을 구분하거나 열거할 때 사용
" "	직접 말한 내용, 인용, 제목, 말이나 글에서 단어 혹은 구를 강조할 때 사용
'	소유 형태를 나타내거나 생략된 문자를 표시할 때 사용
-	단어를 결합할 때 사용
!	감정이나 느낌이 들어 있는 감탄사나 인사할 때 사용
?	질문할 때(의문문) 사용

4 대문자 사용법

① 문장의 첫 글자는 항상 대문자를 써요.
② 항상 I(나는) 대문자로 써요.
③ 고유명사(이름, 성, 나라, 지명, 요일, 월 등)의 첫 글자는 대문자로 써요.

School Life

DAY 01 A Fun Day at School
학교에서 신나는 하루

음원 듣기

DATE	Monday, March 11	WEATHER	Cloudy

Math class was fun today.

I studied with my friends.

We worked on a math project.

My teacher said, "Great job!"

He gave me a high five.

→ were
We ~~was~~ happy.

My friends and I smiled.

 QUIZ ★ 본문에서 답을 찾아 ○표 해 보세요.

⭐1 선생님이 뭐라고 칭찬했나요?

⭐2 나와 친구들은 기분이 어땠나요?

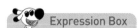 Expression Box

math 수학
class 수업
friend 친구
work on 작업하다
high five 하이 파이브
smile 미소 짓다

일기의 흐름

① 오늘 수학 수업은 즐거웠다.

Math class

주제
문장

② 나는 내 친구들과 함께 공부했다.

I

③ 우리는 수학 프로젝트를 했다.

We

있었던
일

④ 선생님께서 "잘했어!"라고 말씀하셨다.

⑤ 그는 나에게 하이 파이브를 해 주셨다.

⑥ 우리는 행복했다.

기분과
반응

⑦ 내 친구들과 나는 미소를 지었다.

STEP 2 내용 바꿔 쓰기 | 일기 속 한 문장을 바꿔 써 보세요.

My teacher said, "Great job!"

You can do it!

Don't give up!

1 선생님께서 "넌 할 수 있어!"라고 말씀하셨다.

My teacher said, "   "

2 선생님께서 "포기하지 마!"라고 말씀하셨다.

* 더 많은 표현은 책 속 부록 134쪽을 참고하세요.

STEP 3 자주 실수하는 문법 확인하기 | was와 were를 빈칸에 알맞게 써 보세요.

★ 주어 + be동사(am, is) 과거형		★ 주어 + be동사(are) 과거형	
I / He, She, It, Sam 등	➕ was	We, You, They, Mina and I 등	➕ were

1 He ☐ happy. 그는 행복했다.

2 We ☐ happy. 우리는 행복했다.

3 Mina and I ☐ happy. 미나와 나는 행복했다.

A Fun Day at School

DATE		WEATHER	

* 날짜 표기는 10쪽, 날씨 표현은 11쪽을 참고하세요.

1 오늘 ●●● 수업은 즐거웠다. 과목

class

2 나는 내 친구들과 함께 공부했다.

I

3 우리는 ●●● 프로젝트를 했다. 과목

We

4 선생님께서 "●●●"라고 말씀하셨다. 칭찬

5 우리는 행복했다.

6 내 친구들과 나는 미소를 지었다.

Idea Box

* 더 많은 표현은 책 속 부록 134쪽을 참고하세요.

과목 **1 3** **Korean** 국어 **science** 과학 **English** 영어 **P.E.** 체육 **art** 미술 **music** 음악

칭찬 **4 Well done!** 잘했어! **You have talent!** 넌 재능이 있어! **Excellent!** 훌륭해!

 School Life

DAY 02 Mission Success
임무 성공

음원 듣기

| DATE | Tuesday, March 26 | WEATHER | Sunny |

Mina and I had a job today.

Our job was to clean the classroom.

→ dusted
We scrubbed and ~~dust~~ everything.

Our teacher saw our hard work.

He said we did an excellent job.

We felt proud.

Cleaning wasn't so bad

after all.

 본문에서 답을 찾아 ○표 해 보세요.

⭐ 미나와 나의 임무는 무엇이었나요?

⭐ 우리는 어떤 기분이 들었나요?

 Expression Box

job 임무, 일
scrub 닦다, 문지르다
dust 먼지를 제거하다
excellent 훌륭한
proud 뿌듯한
after all 결국

Andy's Diary

일기의 흐름

① 미나와 나는 오늘 한 가지 임무가 있었다.

Mina and I

주제
문장

② 우리의 임무는 교실을 청소하는 것이었다.

Our job

우리가
한 일

③ 우리는 모든 것을 닦고 먼지를 제거했다.

We

④ 우리 선생님께서 우리가 열심히 일한 것을 보셨다.

선생님의
반응

⑤ 그는 우리가 훌륭한 일을 했다고 하셨다.

⑥ 우리는 뿌듯했다.

기분과
생각

⑦ 결국 청소가 그렇게 나쁘지는 않았다.

STEP 2 **내용 바꿔 쓰기** | 일기 속 한 문장을 바꿔 써 보세요.

We felt proud.

tired

sad

1 우리는 피곤했다.

We felt

2 우리는 슬펐다.

* 더 많은 표현은 책 속 부록 135쪽을 참고하세요.

STEP 3 **자주 실수하는 문법 확인하기** | 일반동사의 과거형(규칙동사)을 써 보세요.

★ **동사원형 + -ed → 동사 과거형(규칙동사)**

확인!

| play 놀다 | learn 배우다 |
| pick 줍다 | cook 요리하다 |

(+ -ed)

→

| played 놀았다 | learned 배웠다 |
| picked 주웠다 | cooked 요리했다 |

ex I **play** with my friends.
나는 나의 친구들과 논다.

I **played** with my friends.
나는 나의 친구들과 놀았다.

---

1 I ☐ up the pen. pick 난 펜을 주웠다.

2 We ☐ how to dance. learn 우리는 춤추는 방법을 배웠다.

Mission Success

DATE   WEATHER

① ◯◯◯◯와 나는 오늘 한 가지 임무가 있었다. 친구 이름

and I

② 우리의 임무는 ◯◯◯이었다. 임무

Our job

③ 우리는 ◯◯◯◯했다. 임무+과거형(-ed)

We

④ 우리 선생님께서 우리가 열심히 일한 것을 보셨다.

⑤ 그/그녀는 우리가 훌륭한 일을 했다고 하셨다.

⑥ 우리는 ◯◯◯◯했다. 감정

Idea Box

* 더 많은 표현은 책 속 부록 135쪽을 참고하세요.

임무 ② ③ **water the plants** 식물에 물을 주다
collect homework 숙제를 걷다
decorate the bulletin board 게시판을 꾸미다

감정 ⑥ **satisfied** 만족스러운
excited 신나는
confident 자신있는

DAY 03 I Did It!

내가 해냈어!

음원 듣기

| DATE | Wednesday, April 3 | WEATHER | Windy |

→ spoke

Today I ~~speaked~~ in front of the class.

It was a Korean presentation.

Mom helped me practice yesterday.

When I started, I stumbled a little.

I was very nervous.

In the end, everyone clapped for me.

I did it!

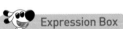 **Expression Box**

speak 발표하다, 말하다
presentation 발표
practice 연습하다
stumble 실수하다, 더듬거리다
nervous 긴장한
clap 박수 치다

 본문에서 답을 찾아 ○표 해 보세요.

⭐1 나는 반 친구들 앞에서 무슨 발표를 했나요?

⭐2 모두가 나에게 어떤 반응을 보였나요?

일기의 흐름

① 오늘 나는 반 친구들 앞에서 발표를 했다.

Today I

② 그것은 국어 발표였다.

It

있었던 일

③ 어제 엄마가 내가 연습하는 것을 도와주셨다.

Mom

준비 과정

④ 시작했을 때, 나는 약간 더듬거렸다.

⑤ 나는 매우 긴장했다.

발표 과정

⑥ 결국, 모두가 나에게 박수를 쳐 주었다.

⑦ 내가 해냈어!

반응과 기분

I spoke **in front of the class.**

sang a song

danced

1 나는 반 친구들 앞에서 노래를 불렀다.

I _____ in front of the class.

2 그녀는 반 친구들 앞에서 춤을 췄다.

She _____

* 더 많은 표현은 책 속 부록 136쪽을 참고하세요.

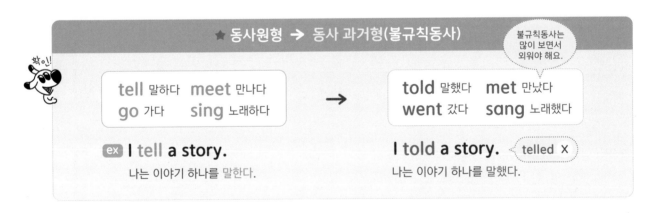

★ 동사원형 → 동사 과거형(불규칙동사)

불규칙동사는 많이 보면서 외워야 해요.

| tell 말하다 meet 만나다 | → | told 말했다 met 만났다 |
| go 가다 sing 노래하다 | | went 갔다 sang 노래했다 |

ex I **tell** a story.
나는 이야기 하나를 말한다.

I **told** a story. telled ✕
나는 이야기 하나를 말했다.

1 I [   ] to school yesterday. go 나는 어제 학교에 갔다.

2 Mina [   ] Andy. meet 미나는 앤디를 만났다.

22

I Did It!

| DATE | | WEATHER | |

① 오늘 나는 반 친구들 앞에서 ◯◯◯◯했다. 활동+과거형

> Today I

② 그것은 ◯◯◯◯였다. 행사

> It

③ 시작했을 때, 나는 약간 더듬거렸다.

> When I started, I

④ 나는 매우 긴장했다.

⑤ 결국, 모두가 나에게 박수를 쳐 주었다.

⑥ 내가 해냈어!

 **Idea Box**

* 더 많은 표현은 책 속 부록 136쪽을 참고하세요.

활동
① **played the violin** 바이올린을 연주했다
told a story 이야기를 들려줬다
acted out a role 연기를 했다

행사
② **a music festival** 음악 축제
story time 이야기 시간
a drama performance 연극 공연

DAY 04 I Love Lunchtime

나는 점심 시간이 정말 좋아

음원 듣기

| DATE | Thursday, April 18 | WEATHER | Rainy |

The school lunch was amazing today.

I had fried chicken and a ~~kimchi~~. →kimchi

The chicken was crispy and delicious.

I ate everything on my plate.

My friends and I enjoyed it.

I love lunchtime at school.

I can't wait for tomorrow.

Expression Box

lunchtime 점심 시간
amazing 놀라운, 굉장한
fried 튀긴
crispy 바삭한
plate 접시
can't wait 기다릴 수가 없다(기대되다)

QUIZ ★ 본문에서 답을 찾아 ○표 해 보세요.

1 점심 식사 메뉴는 무엇이었나요?

2 나는 점심을 다 먹었나요?

일기의 흐름

① 오늘 학교 점심 식사가 굉장했다.

The school lunch

주제
문장

② 나는 치킨과 김치를 먹었다.

I

③ 치킨이 바삭하고 맛있었다.

The chicken

메뉴와
맛

④ 나는 내 접시에 담긴 것을 모두 먹었다.

⑤ 나의 친구들과 나는 그것(점심)을 즐겼다.

⑥ 나는 학교에서 점심 시간이 정말 좋다.

생각과
기분

⑦ 나는 내일이 기대된다.

The chicken **was** crispy.

savory

spicy

1 피자가 맛이 좋았다.

The pizza was _____

2 김치가 매웠다.

The kimchi _____

* 더 많은 표현은 책 속 부록 137쪽을 참고하세요.

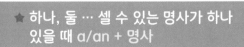
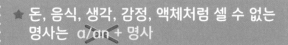

STEP 3 자주 실수하는 문법 확인하기 | 바르게 쓰인 명사를 골라 보세요.

★ 하나, 둘 … 셀 수 있는 명사가 하나 있을 때 a/an + 명사	★ 돈, 음식, 생각, 감정, 액체처럼 셀 수 없는 명사는 ~~a/an~~ + 명사

a pen

an apple

✗happiness

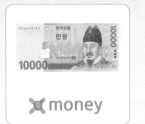
✗ money

1 I drank (a water / water). 나는 물을 마셨다.

2 I don't have (a money / money). 나는 돈이 없다.

I Love Lunchtime

| DATE | | WEATHER | |

1 오늘 학교 점심 식사가 굉장했다.

> The school lunch

2 나는 ●●●●을 먹었다. [음식]

> I

3 ●●●●이 ●●●●했다. [음식] [맛]

> The   was

4 나의 친구들과 나는 그것(점심)을 즐겼다.

5 나는 학교에서 점심 시간이 정말 좋다.

6 나는 내일이 기대된다.

Idea Box

* 더 많은 표현은 책 속 부록 137쪽을 참고하세요.

음식
2 3 **fried rice** 볶음밥 **ramen** 라면
bibimbap 비빔밥 **pork cutlet** 돈가스
seaweed soup 미역국 **egg roll** 계란말이

맛
3 **tender** 연한, 질기지 않은 **soft** 부드러운
flavorful 감칠맛이 있는 **juicy** 즙이 많은
fresh 신선한 **delicious** 맛있는

27

School Life

DAY 05 My New Deskmate

새로운 내 짝꿍

음원 듣기

| DATE | Friday, May 3 | WEATHER | Humid |

I have a new deskmate.

His name is Jihoon.

He is quiet and shy.

But he's good at drawing.

I like drawing, too.

We drew ~~an~~ →a dragon together.

I think we'll be good friends.

QUIZ ★ 본문에서 답을 찾아 ○표 해 보세요.

⭐1 학교에서 어떤 변화가 있었나요?

⭐2 지훈이의 성격은 어떤가요?

Expression Box

deskmate 짝꿍

*책상(desk) + 친구(mate) → 짝꿍

quiet 조용한

shy 수줍어하는

drawing 그림 그리는 것

dragon 용

일기의 흐름

① 나는 새로운 짝꿍이 생겼다.

I

주제
문장

② 그의 이름은 지훈이다.

His name

③ 그는 조용하고 수줍어한다.

He

짝꿍의
특징

④ 하지만 그는 그림을 잘 그린다.

⑤ 나도 그림 그리는 것을 좋아한다.

짝꿍과
나의
공통점

⑥ 우리는 같이 용을 그렸다.

⑦ 내 생각에 우리는 좋은 친구가 될 것 같다.

기대

He **is** shy.

outgoing

witty

1 그는 사교적이다.

He is _____

2 그녀는 재치 있다.

She _____

* 더 많은 표현은 책 속 부록 138쪽을 참고하세요.

STEP **3** 자주 실수하는 **문법 확인하기** | 관사 a/an을 바르게 골라 보세요.

★ 셀 수 있는 명사가 하나 있을 때 앞에 a 혹은 an을 붙여요.

확인!

| a | dragon |
| a | cat |

모두 셀 수 있는 명사

an	(애) apple
an	(어) umbrella
an	(아) hour

hour에서 h는 소리가 나지 않아요.

a/an 다음에 오는 말의 철자가 아니라 발음에 따라 a/an이 달라지는 데 주의하세요. an은 이어지는 단어의 첫 발음이 [아,애,에,이,오,우,어]일 때 사용해요.

1 (a / an) eye
눈 한 쪽

2 (a / an) orange
오렌지 한 개

3 (a / an) book
책 한 권

4 (a / an) hour
한 시간

30

My New Deskmate

| DATE | | WEATHER | |

① 나는 새로운 짝꿍이 생겼다.

I

② 그/그녀의 이름은 ●●●이다. 친구 이름

name

③ 그/그녀는 ●●●하다. 성격

is

④ 하지만 그/그녀는 ●●●을 잘한다. 활동

⑤ 나도 ●●●을 좋아한다. 활동

⑥ 내 생각에 우리는 좋은 친구가 될 것 같다.

 Idea Box

* 더 많은 표현은 책 속 부록 138쪽을 참고하세요.

 성격
③ **friendly** 친절한 **humble** 겸손한
cheerful 명랑한 **honest** 정직한
timid 소심한 **brave** 용감한 **smart** 똑똑한

활동
④ ⑤ **running** 달리기 **writing** 글쓰기
swimming 수영 **singing** 노래하기
taking photos 사진 찍기 **acting** 연기

School Life

DAY 06 Friends Fix Mistakes

친구끼리는 실수를 고쳐 주지

음원 듣기

Andy's Diary

| DATE | Monday, May 6 | WEATHER | Nice and Warm |

Today I argued with Mina.

She made fun of my drawing.

~~Me~~ I was upset.

Mina said she was joking.

She promised to be nicer.

I said sorry for yelling at her.

Friends can fix mistakes.

 본문에서 답을 찾아 ○표 해 보세요.

1 미나가 나에게 어떤 행동을 했나요?

2 미나가 무엇을 약속했나요?

 Expression Box

argue 다투다
make fun of 놀리다, 조롱하다
upset 기분이 상한, 속상한
promise 약속하다
yell at ~에게 소리 지르다
mistake 실수

일기의 흐름

① 오늘 나는 미나와 다투었다.

Today I

학교에서
있었던
일

② 그녀는 내 그림을 놀렸다.

She

③ 나는 기분이 상했다.

I

나의
기분

④ 미나는 그녀가 농담한 거라고 말했다.

⑤ 그녀는 앞으로 더 친절하겠다고 약속했다.

친구와
화해
하기

⑥ 나는 그녀에게 소리 질러서 미안하다고 말했다.

⑦ 친구끼리는 실수를 고쳐 줄 수 있다.

배운점

I said sorry for yelling at her.

cutting in line

being late

1 나는 새치기해서 미안하다고 말했다.

I said sorry for

2 나는 늦어서 미안하다고 말했다.

* 더 많은 표현은 책 속 부록 139쪽을 참고하세요.

STEP 3 자주 실수하는 문법 확인하기 | 주격 인칭대명사를 바르게 골라 보세요.

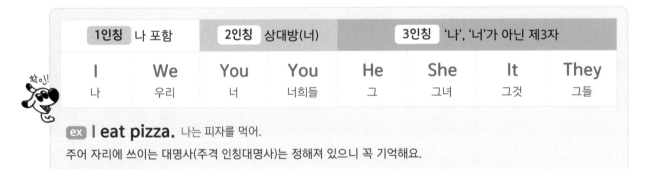

1인칭 나 포함		2인칭 상대방(너)		3인칭 '나', '너'가 아닌 제3자			
I	We	You	You	He	She	It	They
나	우리	너	너희들	그	그녀	그것	그들

ex I eat pizza. 나는 피자를 먹어.
주어 자리에 쓰이는 대명사(주격 인칭대명사)는 정해져 있으니 꼭 기억해요.

1 (He / Him) is kind.
그는 친절하다.

2 (Us / We) played soccer.
우리는 축구를 했다.

3 (My / I) studied math.
나는 수학을 공부했다.

4 (They / Them) are smart.
그들은 똑똑하다.

Friends Fix Mistakes

| DATE | | WEATHER | |

① 오늘 나는 ◯◯◯와 다투었다. 친구 이름

> Today I

② 그/그녀는 ◯◯◯◯했다. 잘못+과거형

③ 나는 기분이 ◯◯◯◯했다. 기분

> I

④ 그/그녀는 앞으로 더 친절하겠다고 약속했다.

⑤ 나는 그녀에게 소리 질러서 미안하다고 말했다.

⑥ 친구끼리는 실수를 고쳐 줄 수 있다.

 Idea Box

* 더 많은 표현은 책 속 부록 139쪽을 참고하세요.

 잘못
② **laughed at me** 나를 비웃었다
broke my pencil 내 연필을 부러뜨렸다
hid my backpack 내 가방을 숨겼다

기분
③ **uncomfortable** 불편한
disappointed 실망한
furious 몹시 화가 난

Daily Life

DAY 07 The Best Moment of the Day
오늘 하루 중 최고의 순간

몸원 듣기

| DATE | Saturday, May 11 | WEATHER | Cloudy |

Today was an amazing day.

I learned how to swim.

I was nervous at first.

But then I started floating.

I felt like a fish.

It was the best moment of the day.

I can't wait for ~~me~~ → my next lesson.

 본문에서 답을 찾아 ○표 해 보세요.

⭐1 나는 오늘 무엇을 배웠나요?

⭐2 수영하면서 내가 무엇처럼 느껴졌나요?

 Expression Box

amazing 멋진, 놀라운
how to ~ ~하는 방법
float 물에 뜨다
like ~처럼, ~와 같이
moment 순간

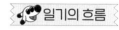 일기의 흐름

① 오늘은 멋진 날이었다.

Today

 주제
문장

② 나는 수영하는 방법을 배웠다.

③ 나는 처음에는 긴장했다.

있었던
일

④ 그런데 나중에 나는 물에 뜨기 시작했다.

⑤ 나는 마치 물고기처럼 느껴졌다.

⑥ 오늘 하루 중 최고의 순간이었다.

 소감과
기대

⑦ 나는 나의 다음 수업이 빨리 왔으면 좋겠다.

I learned how to swim.

cook

ski

1 나는 요리하는 방법을 배웠다.

I learned how to

2 나는 스키 타는 방법을 배웠다.

_____

* 더 많은 표현은 책 속 부록 140쪽을 참고하세요.

STEP 3 **자주 실수하는 문법 확인하기** | 소유격 인칭대명사를 바르게 골라 보세요.

1인칭 나 포함		2인칭 상대방(너)		3인칭 '나', '너'가 아닌 제3자			
my 나의	**our** 우리의	**your** 너의	**your** 너희들의	**his** 그의	**her** 그녀의	**its** 그것의	**their** 그들의

확인!

ex **My pen is here.** 나의 펜 여기 있어.
누구의 것인지 알려주는 말을 '소유격 인칭대명사'라고 해요. 누구의 '소유'인지 나타내는 말로 '~의'에 해당하는 말이에요.

1 Is this (your / you) pen?
이것은 너의 펜이니?

2 It is (me / my) pen.
그것은 나의 펜이다.

3 Is this (her / she) book?
이것은 그녀의 책이니?

4 It is (they / their) book.
그것은 그들의 책이다.

The Best Moment of the Day

DATE		WEATHER	

1 오늘은 멋진 날이었다.

Today

2 나는 ⚪⚪⚪하는 방법을 배웠다. 활동

3 나는 처음에는 긴장했다.

4 그런데 나중에 나는 마치 ⚪⚪⚪처럼 느꼈다. 비유

5 오늘 하루 중 최고의 순간이었다.

6 나는 나의 다음 수업이 빨리 왔으면 좋겠다.

Idea Box

* 더 많은 표현은 책 속 부록 140쪽을 참고하세요.

활동
2 **dance** 춤추다 **act** 연기하다
sprint 단거리를 전력 질주하다
sculpt 조각하다 **bake** 빵을 굽다

비유
4 **a swan** 백조 **a cheetah** 치타
an artist 화가, 예술가 **a chef** 요리사

39

DAY 08 I'm the Chef
나는 요리사야

음원 듣기

| DATE | Sunday, June 9 | WEATHER | Chilly |

I helped make dinner today.

Mom let me stir the curry.

→ did not
I ~~not~~ spill any.

Dad said I'm a great cook.

My parents clapped for me.

I'll help again soon.

Cooking was super fun.

Expression Box

chef 요리사, 주방장
cook (명) 요리사, (동) 요리하다
let ~하게 하다
stir 젓다
clap 박수 치다
super 정말, 매우

일기의 흐름

① 나는 오늘 저녁 식사 만드는 것을 도와드렸다.

I

오늘
내가
한 일

② 엄마는 내가 카레를 젓게 했다.

Mom

③ 나는 조금도 흘리지 않았다.

I

④ 아빠는 내가 훌륭한 요리사라고 하셨다.

부모님의
반응

⑤ 나의 부모님은 나에게 박수를 쳐 주셨다.

⑥ 나는 곧 또 도와드릴 것이다.

다짐과
소감

⑦ 요리는 정말 재미있었다.

Cooking was super fun.

camping

fishing

1 캠핑은 정말 재미있었다.

was super fun.

2 낚시는 정말 재미있었다.

* 더 많은 표현은 책 속 부록 141쪽을 참고하세요.

확인!

동사
- be동사
- 일반동사 ex do ⊕ not ⊕ eat = not eat, eat not x / do not eat o / = don't eat o
- 조동사

일반동사는 바로 not을 붙이지 않고
do를 동사 앞에 쓰고 거기에 not을 붙여요.

1 I like dogs. → I [   ] like dogs.
> not 앞에 do를 넣으세요.

나는 개를 좋아한다.   나는 개를 좋아하지 않는다.

2 I spilled milk. → I [   ] spill milk.
> spilled는 spill(쏟다)의 과거예요. 따라서 not 앞에 did를 넣으세요.

나는 우유를 쏟았다.   나는 우유를 쏟지 않았다.

I'm the Chef

| DATE | | WEATHER | |

① 나는 오늘 ◯◯◯ 만드는 것을 도와드렸다. 식사

> I

② 엄마는 내가 ◯◯◯◯을 ◯◯◯ 했다. 요리법 음식

> Mom

③ 나는 조금도 흘리지 않았다.

> I

④ 아빠는 내가 훌륭한 요리사라고 하셨다.

⑤ 나의 부모님은 나에게 박수를 쳐 주셨다.

⑥ 요리는 정말 재미있었다.

 Idea Box

* 더 많은 표현은 책 속 부록 141쪽을 참고하세요.

 식사
① **breakfast** 아침 식사
lunch 점심 식사 **snack** 간식
dessert 후식, 디저트 **meal** 식사

요리법
② **roast** 굽다
prepare 준비하다
mix 섞다

 음식
② *bulgogi* 불고기
jjigae 찌개 **soup** 국
sauce 소스 **batter** 반죽

43

Daily Life

DAY 09 Mom's Advice

엄마의 조언

음원 듣기

DATE	Tuesday, June 18	WEATHER	Rain Shower

Mina's Diary

I didn't clean my room today.

It was messy.

My mom ~~not~~ happy. → was not

"Take pride in your space," she said.

I thought about it.

She was right.

Tomorrow will be a new start.

 본문에서 답을 찾아 ○표 해 보세요.

⭐1 내 방의 상태는 어땠나요?

⭐2 엄마가 나에게 해 준 조언은 무엇인가요?

advice 조언, 충고
messy 엉망인, 지저분한
take pride in 자부심을 가지다
pride 자부심, 자랑스러움
right 옳은, 맞는

44

일기의 흐름

① 오늘 나는 내 방을 청소하지 않았다.

I

내가
잘못한
일

② 그곳은 엉망이었다.

It

③ 나의 엄마는 기분이 좋지 않았다.

My mom

엄마의
반응

④ "너의 공간에 자부심을 가져 봐."라고 그녀가 말씀하셨다.

⑤ 나는 그것(말씀)에 대해 생각해 보았다.

⑥ 그녀가 옳았다.

나의
반응과
다짐

⑦ 내일은 새로운 시작이 될 것이다.

My room was messy.

clean

untidy

① 내 방은 깨끗했다.

My room was

② 내 방은 정돈되지 않았다.

* 더 많은 표현은 책 속 부록 142쪽을 참고하세요.

STEP **3** **자주 실수하는 문법 확인하기** | be동사를 넣어 완전한 문장으로 써 보세요.

★ 불완전한 문장: 주어 + 형용사 ✕	★ 완전한 문장: 주어 + be동사 + 형용사 ○
확인! ex I happy. ✕ be동사가 없으면 완전한 문장이 아니에요. 나 행복한	→ I was happy. ○ 나는 행복했다.
ex My mom not happy. ✕ 나의 엄마 기분이 좋지 않은	→ My mom was not happy. ○ 나의 엄마는 기분이 좋지 않았다. not happy 앞에 be동사를 써요.

① My room clean. ✕ → My room [   ] clean.
내 방 깨끗한   내 방은 깨끗했다.

② My room not messy. ✕ → My room [   ] not messy.
내 방 엉망이 아닌   내 방은 엉망이 아니었다.

Mom's Advice

DATE		WEATHER	

① 오늘 나는 나의 ◯◯◯을 청소하지 않았다. 공간

> I

② 그곳은 ◯◯◯했다. 상태

> It

③ 나의 ◯◯◯는 기분이 좋지 않았다. 가족

> My

④ "너의 공간에 자부심을 가져 봐."라고 그/그녀가 말씀하셨다.

⑤ 그/그녀가 옳았다.

⑥ 내일은 새로운 시작이 될 것이다.

Idea Box

* 더 많은 표현은 책 속 부록 142쪽을 참고하세요.

 공간
① **bedroom** 침실
living room 거실
bathroom 화장실

 상태
② **dirty** 지저분한
dusty 먼지 많은
unclean 더러운

 가족
③ **grandma** 할머니
grandpa 할아버지
dad 아빠 **sister** 여자 형제

 Leisure Life

DAY 10 Tag! You're It!

잡았다! 네가 술래야!

음원 듣기

| DATE | Wednesday, June 26 | WEATHER | Breezy |

I love playing tag.

My friend was "it."

She said, "Tag! You're it!"

→ running

My heart raced when I was ~~run~~.

Playing tag is more than just a game.

My friends make me laugh.

Playtime's over,

but memories stay.

 Expression Box

tag 술래잡기, 잡기 놀이
it 술래
race 빠르게 뛰다
just 단지, 그냥
playtime 놀이 시간
memory 기억, 추억

 본문에서 답을 찾아 〇표 해 보세요.

1 나는 어떤 놀이를 좋아하나요?

2 내가 될 때 나의 심장은 어땠나요?

일기의 흐름

① 나는 술래잡기를 매우 좋아한다.

I

주제
문장

② 내 친구가 술래였다.

My friend

③ "잡았다! 네가 술래야!" 그녀가 말했다.

She

있었던
일

④ 달리는 중에 내 심장이 빠르게 뛰었다.

⑤ 술래잡기 놀이는 단순한 게임 그 이상이다.

⑥ 내 친구들이 나를 웃게 한다.

놀이가
나에게
주는
의미

⑦ 놀이 시간은 끝났지만, 기억은 남는다.

I love playing tag.

hide-and-seek

board games

① 나는 숨바꼭질을 매우 좋아한다.

I love playing

② 나는 보드게임하는 것을 매우 좋아한다.

* 더 많은 표현은 책 속 부록 143쪽을 참고하세요.

★ 과거에 무언가를 하고 있는 중이었을 때는 be동사 과거형 + 동사ing를 사용해요.

ex **He + (be + cook+ing).** → **He was cooking.**
그는 요리하는 중이었다.

ex **They + (be + run+ing).** → **They were running.**
그들은 달리는 중이었다.

모음 하나+자음 하나가 있을 때는
자음을 한 번 더 써요.

① I ⬚ home. go 나는 집에 가는 중이었다.

② She ⬚ a book. read 그녀는 책을 읽는 중이었다.

50

Tag! You're It!

DATE		WEATHER	

① 나는 ◯◯◯◯을 매우 좋아한다. 놀이

> I

② 내 친구가 술래였다.

> My friend

③ "잡았다! 네가 술래야!" 그/그녀가 말했다.

> said,

④ ◯◯◯◯는 단순한 게임 그 이상이다. 놀이

⑤ 내 친구들이 나를 ◯◯◯◯하게 한다. 감정

⑥ 놀이 시간은 끝났지만, 기억은 남는다.

 Idea Box

* 더 많은 표현은 책 속 부록 143쪽을 참고하세요.

놀이 ① **the mafia game** 마피아 게임
red light, green light 무궁화꽃이 피었습니다

 감정 ⑤ **joyful** 즐거운 **active** 활기찬
thrilled 신이 난 **passionate** 열정적인
cheerful 즐거운

 **Leisure Life**

DAY 11 A Heartwarming Video
마음이 따뜻해지는 동영상

음원 듣기

| DATE | Thursday, July 4 | WEATHER | Foggy |

A video caught my eye on YouTube.

It was about a lost puppy.

Luckily, the puppy found its family.

→ I almost
~~Almost~~ cried at the end.

This video made my day.

I will watch it again tomorrow.

It's my favorite video now.

 본문에서 답을 찾아 ○표 해 보세요.

⭐ 1 동영상은 무엇에 관한 것이었나요?

⭐ 2 동영상을 보고 무엇을 할 뻔했나요?

 **Expression Box**

catch one's eye ~의 눈길을 끌다
lost 길 잃은
luckily 다행히
make one's day (누구)의 하루를
만들다(행복하게 하다)

일기의 흐름

① 유튜브에서 동영상 하나가 눈에 띄었다.

A video

시작하는
문장

② 그것은 길 잃은 강아지에 관한 것이었다.

It

③ 다행히, 강아지는 자신의 가족을 찾았다.

Luckily, the puppy

동영상
내용

④ 나는 마지막에 거의 울 뻔했다.

⑤ 이 동영상이 나의 하루를 행복하게 만들었다.

⑥ 나는 그것(동영상)을 내일 다시 볼 것이다.

반응과
소감

⑦ 이제 그것은 내가 가장 좋아하는 동영상이다.

I cried.

laughed a lot

was surprised

1 나는 많이 웃었다.

2 나는 깜짝 놀랐다.

* 더 많은 표현은 책 속 부록 144쪽을 참고하세요.

★ 틀린 문장: 주어 + 동사 X	★ 완전한 문장: 주어 + 동사 O
ex (누가?) played with my friend. x (주어) 친구와 놀았다.	→ **I played with my friend.** o 나는 친구와 놀았다.

평서문(~이다, ~했다)에서는
일반적으로 주어를 가장 먼저 써요.

1 Cried. X → [ ] cried.

(누가?) 울었다.   그는 울었다.

2 Ate dinner today. X → [ ] ate dinner today.

(누가?) 오늘 저녁을 먹었다.   우리는 오늘 저녁을 먹었다.

54

A Heartwarming Video

DATE		WEATHER	

1 유튜브에서 동영상 하나가 눈에 띄었다.

A video

2 그것은 ●●●●에 관한 것이었다. 소재

It

3 나는 ●●●●했다. 반응+과거형

I

4 이 동영상이 나의 하루를 행복하게 만들었다.

5 나는 그것(동영상)을 내일 다시 볼 것이다.

6 이제 그것은 내가 가장 좋아하는 동영상이다.

Idea Box

* 더 많은 표현은 책 속 부록 144쪽을 참고하세요.

소재
2 a funny joke 웃긴 유머
my favorite character 내가 가장 좋아하는 캐릭터
a magic show 마술쇼

반응
3 laughed out loud 웃음이 터졌다
was all smiles 싱글벙글이었다
clapped my hands 손뼉을 쳤다

DAY 12

Happy Drawing Day

행복한 그리기 날

몸풀 놀기

DATE	Friday, July 12	WEATHER	Sunny

I'm good at drawing pictures.

I drew my friend Mina.

My friends loved my artwork.

They always ask for more.

My teacher hung it on the wall.

→ will draw

I ~~draw~~ more tomorrow.

Drawing makes me very happy.

 본문에서 답을 찾아 ○표 해 보세요.

⭐1 내가 잘하는 것은 무엇인가요?

⭐2 선생님께서 그림을 어떻게 하셨나요?

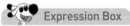 Expression Box

drawing 그리기
artwork 작품
ask 부탁하다, 요청하다, 묻다
hang 걸다
(hang-hung-hung)
wall 벽

56

일기의 흐름

① 나는 그림을 잘 그린다.

I'm

주제
문장

② 나는 내 친구 미나를 그렸다.

I

내가
한 일

③ 내 친구들이 내 작품을 매우 좋아했다.

My friends

④ 그들은 항상 더 많이 그려 달라고 부탁한다.

친구들과
선생님의
반응

⑤ 나의 선생님께서 그것(그림)을 벽에 걸어 주셨다.

⑥ 나는 내일 더 그릴 것이다.

나의
기분과
생각

⑦ 그리기는 나를 매우 행복하게 만든다.

I will draw more tomorrow.

tonight

after school

1 나는 오늘 밤에 더 그릴 것이다.

I will draw more

2 나는 방과 후에 더 그릴 것이다.

* 더 많은 표현은 책 속 부록 145쪽을 참고하세요.

★ 현재 시제(~이다, ~하다)	★ 미래 시제(~할 것이다)
ex **I eat an apple.** 나는 사과를 먹는다.	→	**I will eat an apple later.** 나는 나중에 사과를 먹을 것이다.
ex **I go to school.** 나는 학교에 간다.	→	**I will go to school tomorrow.** 나는 내일 학교에 갈 것이다.

미래 시제는 미래를 나타내는 표현과 종종 함께 사용해요. (later, tomorrow 등)

1 I draw a picture. → I ☐ draw a picture later.

나는 그림을 그린다.   나는 나중에 그림을 그릴 것이다.

2 I ride my bicycle. → I ☐ ride my bicycle tomorrow.

나는 나의 자전거를 탄다.   나는 내일 나의 자전거를 탈 것이다.

Happy Drawing Day

DATE		WEATHER	

① 나는 그림을 잘 그린다.

> I'm

② 나는 ⬤⬤⬤을 그렸다. 소재

> I

③ 내 친구들이 내 작품을 매우 좋아했다.

My friends

④ 그들은 항상 더 많이 그려 달라고 부탁한다.

⑤ 나의 선생님께서 그것(그림)을 벽에 걸어 주셨다.

⑥ 나는 ⬤⬤⬤에 더 그릴 것이다. 시간

Idea Box

* 더 많은 표현은 책 속 부록 145쪽을 참고하세요.

소재
② **a superhero** 슈퍼히어로로
my family 나의 가족 **my friend** 내 친구
my school 나의 학교 **my pet** 내 반려동물

시간
⑥ **after lunch** 점심 식사 후에
during recess 쉬는 시간에
on the weekend 주말에

Wishes

DAY 13 A Smart Wish
스마트한 소원

| DATE | Saturday, July 27 | WEATHER | Muggy |

My friend showed me her smartphone.

→ happy

She looked ~~happily~~.

I really want a smartphone.

I asked my mom again.

She said she would think about it.

She worries I will use it too much.

I hope she says, "Yes."

QUIZ ★ 본문에서 답을 찾아 ○표 해 보세요.

⭐1 내가 갖고 싶은 것은 무엇인가요?

⭐2 엄마는 무엇을 걱정하시나요?

Expression Box

smartphone 스마트폰
really 정말
worry 걱정하다, 걱정
use 사용하다
hope 바라다, 희망하다

일기의 흐름

① 내 친구가 자신의 스마트폰을 나에게 보여 주었다.

My friend

② 그녀는 행복해 보였다.

She

오늘 있었던 일

③ 나는 정말 스마트폰을 갖고 싶다.

I

나의 소원

④ 나는 엄마에게 다시 물어보았다.

⑤ 그녀는 생각해 보겠다고 말씀하셨다.

엄마와 나눈 대화 및 나의 기대

⑥ 그녀는 내가 그것을 너무 많이 쓸까 봐 걱정하신다.

⑦ 그녀가 "그래"라고 하시면 좋겠다.

I want a smartphone.

a tablet

a gaming console

① 나는 태블릿을 갖고 싶다.

　I want _____

② 나는 콘솔 게임기를 갖고 싶다.

_____

*더 많은 표현은 책 속 부록 146쪽을 참고하세요.

★ 틀린 문장: 주어 + 감각동사 + 부사 ✗	★ 맞는 문장: 주어 + 감각동사 + 형용사 ○
ex **Betty looked ~~happily~~.** ✗ 베티는 행복하게 보였다.	**Betty looked happy.** ○ 베티는 행복하게 보였다.

look, sound, smell, taste, feel 등의 동사는 주어가 느끼는 감각을 설명하는 감각동사예요.

우리말로 행복하게(happily)로 부사처럼 해석되지만 Betty(명사)를 수식하기 때문에 형용사(happy)로 써야 해요.

① **The game looks interestingly.** 그 게임이 재미있어 보인다.

→ _____

② **The TV sounds loudly.** 그 텔레비전은 시끄럽게 들린다.

→ _____

A Smart Wish

DATE		WEATHER	

① 내 친구가 자신의 ◯◯◯을 나에게 보여 주었다. 물건

> My friend

② 그/그녀는 행복해 보였다.

> looked

③ 나는 정말 ◯◯◯을 갖고 싶다. 물건

> I

④ 나는 엄마에게 다시 물어보았다.

⑤ 그녀는 내가 그것을 너무 많이 쓸까 봐 걱정하신다.

⑥ 그녀가 "◯◯◯"라고 하시면 좋겠다. 허락

 Idea Box

* 더 많은 표현은 책 속 부록 146쪽을 참고하세요.

물건 ① ③ **(a) smartwatch** 스마트 워치
(a) laptop 노트북 컴퓨터
(a) drone 드론

허락 ⑥ **Definitely!** 물론!
Certainly! 물론!
Let's get it. 사러 가자.

Wishes

DAY 14

A Day Off
하루 쉬기

음원 듣기

DATE	Monday, August 5	WEATHER	Really Hot

Today I didn't want to go to math class.

I wanted to ~~playing~~ →play with my friends instead.

So I told my mom about it.

She said to take a break.

I am glad she understands.

But I know I need to study.

I will try harder tomorrow.

 QUIZ ⭐ 본문에서 답을 찾아 ○표 해 보세요.

⭐1 나는 오늘 무엇을 하기 싫었나요?

⭐2 나는 대신 친구들과 무엇을 하고 싶었나요?

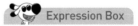 Expression Box

math class 수학 학원(수업)
*math tutoring 수학 과외
instead 대신에
take a break 쉬다
glad 기쁜
understand 이해하다

🐾 일기의 흐름

① 오늘 나는 수학 학원에 가고 싶지 않았다.

> Today I

주제
문장

② 나는 대신 친구들과 놀고 싶었다.

> I

하고
싶은 것

③ 그래서 나는 나의 엄마한테 그것에 대해 말씀드렸다.

> So I

엄마와
나눈
대화

④ 그녀(엄마)는 쉬라고 말씀하셨다.

⑤ 나는 그녀(엄마)가 이해해 줘서 기쁘다.

⑥ 하지만 나는 공부해야 한다는 걸 알고 있다.

생각과
다짐

⑦ 나는 내일 더 열심히 할 거다.

I didn't want to go to math class.

do my homework

write my diary

Dear Diary,

1 나는 숙제를 하고 싶지 않았다.

I didn't want to

2 나는 일기를 쓰고 싶지 않았다.

* 더 많은 표현은 책 속 부록 147쪽을 참고하세요.

★ to + 동사원형 → to부정사(명사, 형용사, 부사)

play 놀다 → to + 동사원형 → to play ① 놀기, 노는 것 (명사) ② 노는 (형용사) ③ 놀기 위해 (부사)

ex I play with my dog. → I want to play with my dog.
나는 강아지랑 논다. 나는 강아지랑 놀기를 원한다.

to + plays (x)
to + playing (x)
to + played (x)

1 I wanted to playing with my friends. 나는 내 친구들과 놀고 싶었다.

→

2 Mom said to takes a break. 엄마는 쉬라고 하셨다.

→

66

A Day Off

DATE

WEATHER

① 오늘 나는 ◯◯◯을 하고 싶지 않았다. 활동

Today I

② 나는 대신 ◯◯◯을 하고 싶었다. 다른 행동

I

③ 그래서 나는 나의 엄마한테 그것에 대해 말씀드렸다.

④ 그녀(엄마)는 쉬라고 말씀하셨다.

⑤ 나는 그녀(엄마)가 이해해 줘서 기쁘다.

⑥ 나는 내일 더 열심히 할 거다.

 Idea Box

* 더 많은 표현은 책 속 부록 147쪽을 참고하세요.

활동 ① **do my homework** 숙제를 하다
go to piano class 피아노 학원에 가다
exercise 운동하다

 다른 행동 ② **play a computer game** 컴퓨터 게임을 하다
listen to music 음악을 듣다
watch TV 텔레비전을 보다

음원 듣기

| DATE | Tuesday, August 13 | WEATHER | Scorching Hot |

Harin enjoyed her time with her friends.

I watched from a distance.

→ Joining

~~Join~~ them felt hard.

I wish I had been there.

Being friends would be nice.

Tomorrow, I will say, "Hello."

Maybe that's a start.

 본문에서 답을 찾아 ○표 해 보세요.

⭐1 나에게는 무엇이 어려웠나요?

⭐2 나는 내일 무엇을 할 것인가요?

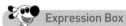
68

일기의 흐름

① 하린이는 그녀의 친구들과 함께 즐거운 시간을 보냈다.

Harin

② 나는 멀리서 지켜봤다.

I

③ 그들과 함께 어울리는 것이 어렵게 느껴졌다.

Joining them

오늘
있었던
일

④ 나도 거기에 있었으면 좋았을 텐데.

⑤ 친구가 되면 좋겠다.

나의
고민

⑥ 내일, 나는 "안녕."이라고 말할 것이다.

⑦ 아마 그게 시작일 것이다.

나의
생각과
계획

> # Tomorrow, I will say, "Hello."

Can I join you?

I love your shoes!

1 내일, 나는 "같이 해도 될까?"라고 말할 것이다.

Tomorrow, I will say, "   "

2 내일, 나는 "네 신발 정말 예쁘다!"라고 말할 것이다.

_____

* 더 많은 표현은 책 속 부록 148쪽을 참고하세요.

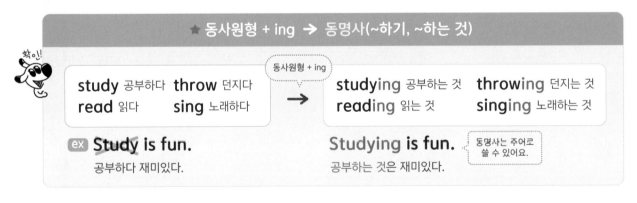

★ 동사원형 + ing → 동명사(~하기, ~하는 것)

확인!

동사원형 + ing

| study 공부하다 | throw 던지다 | | studying 공부하는 것 | throwing 던지는 것 |
| read 읽다 | sing 노래하다 | → | reading 읽는 것 | singing 노래하는 것 |

ex **Study is fun.**
공부하다 재미있다.

Studying is fun.
공부하는 것은 재미있다.

동명사는 주어로 쓸 수 있어요.

1 walk → ⬚ / ⬚ is good exercise.

걷다　　　　걷기, 걷는 것　　　　　걷기는 좋은 운동이다.

2 watch → ⬚ / ⬚ movies is fun.

보다　　　　보기, 보는 것　　　　　영화를 보는 것은 재미있다.

Closer Tomorrow

DATE		WEATHER	

① ⚪⚪⚪⚪는 그/그녀의 친구들과 함께 즐거운 시간을 보냈다. 친구 이름

> enjoyed

② 그들과 함께 어울리는 것이 ⚪⚪⚪하게 느껴졌다. 감정

> Joining them

③ 나도 거기에 있었으면 좋았을 텐데.

> I

④ 친구가 되면 좋겠다.

⑤ 내일, 나는 "⚪⚪⚪"이라고 말할 것이다. 멘트

⑥ 아마 그게 시작일 것이다.

 Idea Box

* 더 많은 표현은 책 속 부록 148쪽을 참고하세요.

감정
② **difficult** 어려운 **tough** 힘든
challenging 도전적인 **not easy** 쉽지 않은
quite hard 꽤 힘든 **pretty tough** 상당히 힘든

멘트
⑤ **Let's play together!** 같이 놀자!
Let's have lunch! 같이 점심 먹자!
It is awesome! 그거 멋지다!

Introduction

DAY 16

My Dad
나의 아빠

음원 듣기

| DATE | Sunday, August 25 | WEATHER | Heavy Rain |

My dad is a firefighter.

He saves people from fires.

→ wears

He ~~wear~~ a big red helmet.

He is slim from his morning jogs.

And he makes jokes every day.

I love my dad.

He is a superhero.

 QUIZ ★ 본문에서 답을 찾아 ○표 해 보세요.

⭐1 아빠의 직업은 무엇인가요?

⭐2 아빠는 아침에 무엇을 하시나요?

 **Expression Box**

firefighter 소방관
save 구하다
slim 날씬한
jog 조깅
joke 농담
superhero 슈퍼히어로

일기의 흐름

① 나의 아빠는 소방관이다.

My dad

② 그는 화재로부터 사람들을 구한다.

He

아빠의
직업
설명

③ 그는 크고 빨간 헬멧을 쓴다.

He

④ 그는 아침마다 조깅을 해서 날씬하다.

아빠의
외모와
장점

⑤ 그리고 그는 매일 농담을 한다.

⑥ 나는 나의 아빠를 사랑한다.

아빠에
대한
감정

⑦ 그는 슈퍼히어로이다.

My dad is a firefighter.

a teacher

a designer

1 나의 아빠는 선생님이다.

My dad is _____

2 나의 아빠는 디자이너이다.

_____

* 더 많은 표현은 책 속 부록 149쪽을 참고하세요.

STEP 3 자주 실수하는 문법 확인하기 | 주어에 따라 알맞은 동사를 골라 보세요.

★ 주어가 3인칭 단수 + 현재시제일 때 (나, 너가 아닌 (하나의) 사물, 사람)		★ 주어가 3인칭 단수 이외 + 현재시제일 때 나머지 모든 경우	
He, She, It ~~They~~ 3인칭인데 단수가 아님!	⊕ saves wears makes	1인칭 (I, We) 2인칭 (You) 3인칭 복수 (They 등)	⊕ save wear make

1 He (save / **saves**) people from fires.
그는 화재로부터 사람들을 구한다.

2 They (**wear** / wears) big red helmets.
그들은 크고 빨간 헬멧을 쓴다.

3 She (make / **makes**) jokes every day.
그녀는 매일 농담을 한다.

My Dad

DATE		WEATHER	

1 나의 아빠는 ○○○이다. **직업**

My dad

2 그는 ○○○을 입는다. **복장**

He

3 그는 ○○○하다. **외모**

He

4 그리고 그는 매일 농담을 한다.

5 나는 나의 아빠를 사랑한다.

6 그는 슈퍼히어로이다.

 Idea Box

* 더 많은 표현은 책 속 부록 149쪽을 참고하세요.

 1 **a doctor** 의사
a shop owner 가게 주인
an engineer 엔지니어

 2 **a shirt** 셔츠
a suit 정장
a uniform 유니폼

 3 **fat** 뚱뚱한 **fit** 건강한
tall 키 큰 **short** 키 작은
handsome 잘생긴

75

Introduction

DAY 17

Thank You, Mom

고마워요, 엄마

음원 듣기

| DATE | Wednesday, September 6 | WEATHER | Breezy |

My mom always works hard.

Yet she never forgets me.

Every morning, there ~~are~~ →is warm food from my mom.

Even though she's tired, she smiles for me.

At bedtime, it's just my mom and me.

She reads books to me, and we laugh together.

She's truly special.

 **Expression Box**

always 항상
yet 그러나, 그렇지만
warm 따뜻한
even though 비록 ~일지라도
tired 피곤한
truly 정말로

 QUIZ ★ 본문에서 답을 찾아 ○표 해 보세요.

⭐1 매일 아침, 엄마가 무엇을 해 주시나요?

⭐2 나는 엄마를 어떻게 생각하나요?

 일기의 흐름

① 나의 엄마는 언제나 열심히 일하신다.

> My mom

② 그렇지만 그녀는 나를 절대 잊지 않는다.

> Yet she

엄마의 사랑과 행동

③ 매일 아침, 나의 엄마가 만든 따뜻한 음식이 있다.

> Every morning, there

④ 그녀는 피곤해도 나에게 웃어 주신다.

>

⑤ 잘 시간이면, 나의 엄마와 나만의 시간이다.

>

엄마와 나의 특별한 시간

⑥ 그녀는 나에게 책을 읽어 주시고, 우리는 함께 웃는다.

>

⑦ 그녀는 정말 특별하다.

>

 나에게 엄마란?

She's truly special.

warm-hearted

precious

1 그녀는 정말 마음이 따뜻하다.

She's truly _____

2 그녀는 정말 소중하다.

_____

* 더 많은 표현은 책 속 부록 150쪽을 참고하세요.

★ There is + a/an 셀 수 있는 단수 명사 + 셀 수 없는 명사	★ There are + 셀 수 있는 복수 명사(-s)
There is ⊕ **a** book 책 한 권 / **an** apple 사과 한 개 / water 물 / homework 숙제	There are ⊕ teacher**s** 선생님들 / bike**s** 자전거들 / shoe**s** 신발들

There is/are +명사(주어)에서
명사(주어)에 따라
is 또는 are를 결정해요.

1 There [   ] books in my bag. 나의 가방 안에 책들이 있다.

2 There [   ] honey in the jar. 병 속에 꿀이 있다.

3 There [   ] a bird in the sky. 하늘에 새 한 마리가 있다.

78

Thank You, Mom

DATE

WEATHER

① 나의 엄마는 언제나 열심히 일하신다.

My mom

② 그렇지만 그녀는 나를 절대 잊지 않는다.

Yet she

③ ●●●, 나의 엄마가 만든 따뜻한 음식이 있다. 시간

, there

④ 잘 시간이면, 나의 엄마와 나만의 시간이다.

⑤ 그녀는 나에게 책을 읽어 주시고, 우리는 함께 웃는다.

⑥ 그녀는 정말 ●●●하다. 성향

 Idea Box

* 더 많은 표현은 책 속 부록 150쪽을 참고하세요.

시간
③ **Every evening** 매일 저녁
Every weekend 매 주말 **Every day** 매일
Most days 대부분의 날에 **Usually** 보통, 흔히

성향
⑥ **loving** 다정한 **caring** 배려 깊은
selfless 이타적인 **patient** 인내심 있는
kind 친절한 **understanding** 이해심 있는

Introduction

DAY 18

My Little Buddy
나의 작은 친구

음원 듣기

| DATE | Thursday, September 19 | WEATHER | Cool |

My puppy's name is Choco.

He is a small puppy.

→ enjoys his little snacks.
He ~~his little snacks enjoys~~.

And he runs around a lot.

His cute movements make my heart melt.

He is more than just a pet.

He is my little brother.

QUIZ ⭐ 본문에서 답을 찾아 ○표 해 보세요.

⭐1 초코의 생김새는 어떤가요?

⭐2 초코의 귀여운 점은 무엇인가요?

 **Expression Box**

movement 움직임
cute - cuter - cutest
귀여운 - 더 귀여운 - 가장 귀여운
(원급 - 비교급 - 최상급)
bark (개가) 짖다, 짖는 소리
more than ~ 이상의

🐾일기의 흐름

① 나의 강아지의 이름은 초코이다.

My puppy's name

주제
소개

② 그는 작은 강아지이다.

He

③ 그는 자신의 작은 간식을 좋아한다.

He

반려동물
소개

④ 그리고 그는 많이 뛰어 다닌다.

⑤ 그의 귀여운 움직임은 내 마음을 녹인다.

⑥ 그는 단순한 반려동물 그 이상이다.

나에게
초코의
의미

⑦ 그는 나의 남동생이다.

He is a small puppy.

big

furry

① 그는 큰 강아지이다.

He is a _____ puppy.

② 그는 털이 많은 강아지이다.

_____

* 더 많은 표현은 책 속 부록 151쪽을 참고하세요.

STEP 3 **자주 실수하는 문법 확인하기** | 영어 어순에 맞게 문장을 바르게 써 보세요.

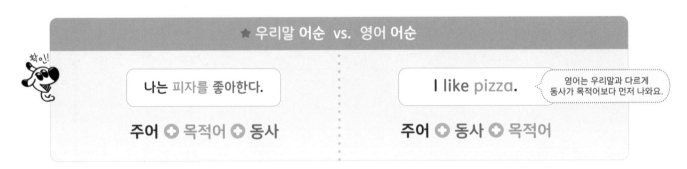

★ 우리말 어순 vs. 영어 어순

나는 피자를 좋아한다.

I like pizza.

영어는 우리말과 다르게
동사가 목적어보다 먼저 나와요.

주어 ➕ 목적어 ➕ 동사

주어 ➕ 동사 ➕ 목적어

① The girl, a book, reads → _____

그 소녀는 책을 읽는다.

② I, an apple, eat → _____

나는 사과를 먹는다.

My Little Buddy

DATE	WEATHER

① 나의 ⚪⚪⚪의 이름은 ⚪⚪⚪이다. 반려동물

My _____'s name

② 그/그녀는 ⚪⚪⚪한 ⚪⚪⚪이다. 묘사 반려동물

_____ is

③ 그/그녀는 자신의 작은 간식을 좋아한다.

_____ enjoys

④ 그/그녀의 귀여운 움직임은 내 마음을 녹인다.

⑤ 그/그녀는 단순한 반려동물 그 이상이다.

⑥ 그/그녀는 나의 남/여동생이다.

Idea Box

* 더 많은 표현은 책 속 부록 151쪽을 참고하세요.

반려동물 ①② **dog** 개 **cat** 고양이
hamster 햄스터 **parrot** 앵무새
turtle 거북이 **rabbit** 토끼

묘사 ② **quiet** 조용한 **playful** 놀기 좋아하는
cute 귀여운 **smart** 똑똑한 **tiny** 아주 작은
loud 큰 소리를 내는 **slow** 느린

Introduction

DAY 19 **My Classmate**
나의 반 친구

음원 듣기

| DATE | Friday, October 4 | WEATHER | Drizzle |

Soomin is my class buddy.

She helped me with my homework.

→ solve
She can ~~solved~~ difficult math problems.

She wears cute glasses.

She is also athletic.

Her favorite sport is badminton.

I'm glad she's my friend.

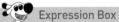 Expression Box

buddy 친구
solve 풀다, 해결하다
problem 문제
athletic 운동을 잘하는
favorite 가장 좋아하는
badminton 배드민턴

 본문에서 답을 찾아 ○표 해 보세요.

⭐1 수민이가 나에게 어떤 도움을 주었나요?

⭐2 수민이는 무슨 운동을 가장 좋아하나요?

84

일기의 흐름

① 수민이는 나의 반 친구다.

Soomin

주제
문장

② 그녀는 나의 숙제를 도와주었다.

She

있었던
일

③ 그녀는 어려운 수학 문제들을 풀 수 있다.

She

④ 그녀는 귀여운 안경을 쓴다.

⑤ 그녀는 또한 운동도 잘한다.

친구의
특징

⑥ 그녀가 가장 좋아하는 운동은 배드민턴이다.

⑦ 나는 그녀가 내 친구여서 기쁘다.

나의
느낌

Soomin is athletic.

cheerful

creative

1 수민이는 활기차다.

Soomin is

2 수민이는 창의적이다.

* 더 많은 표현은 책 속 부록 152쪽을 참고하세요.

STEP 3 자주 실수하는 문법 확인하기 | 조동사 뒤에 알맞은 동사 형태를 골라 보세요.

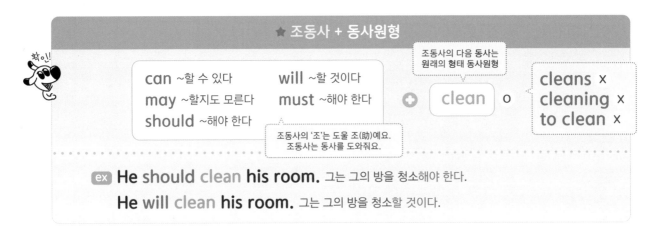

★ 조동사 + 동사원형

확인!

can ~할 수 있다	will ~할 것이다
may ~할지도 모른다	must ~해야 한다
should ~해야 한다	

조동사의 다음 동사는 원래의 형태 동사원형

+ clean o

cleans x
cleaning x
to clean x

조동사의 '조'는 도울 조(助)예요.
조동사는 동사를 도와줘요.

ex He should clean his room. 그는 그의 방을 청소해야 한다.
He will clean his room. 그는 그의 방을 청소할 것이다.

1 I can (swim / swims). 나는 수영할 수 있다.

2 She will (to come / come) tomorrow. 그녀는 내일 올 것이다.

My Classmate

| DATE | | WEATHER | |

① ⚪⚪⚪는 나의 반 친구다. 친구 이름

is

② 그/그녀는 나의 숙제를 도와주었다.

helped

③ 그/그녀는 어려운 수학 문제들을 풀 수 있다.

can solve

④ 그/그녀는 ⚪⚪⚪을 착용한다. 옷·장신구

⑤ ⚪⚪⚪는 ⚪⚪⚪하다. 친구 이름 성격

⑥ 나는 그/그녀가 내 친구여서 기쁘다.

Idea Box

* 더 많은 표현은 책 속 부록 152쪽을 참고하세요.

옷·장신구
④ **pretty earrings** 예쁜 귀걸이
a baseball cap 야구 모자 **a bracelet** 팔찌
a hoodie 모자 달린 티셔츠 **a watch** 손목시계

성격
⑤ **generous** 너그러운
funny 웃긴 **witty** 재치 있는
friendly 사교적인 **gentle** 상냥한

Daily Life

DAY 20 Chapter One, Done!

첫 번째 챕터, 끝!

음원 듣기

| DATE | Saturday, October 26 | WEATHER | Partly Sunny |

My new book is about a wizard.

It is an English book.

→ Many
~~Much~~ words were easy.

But I looked up the words I didn't know.

I felt proud after finishing a chapter.

I want to try another book like this.

Reading English books is exciting!

 QUIZ ★ 본문에서 답을 찾아 ○표 해 보세요.

1 나는 어떤 언어로 된 책을 읽었나요?

2 나는 모르는 단어들을 어떻게 했나요?

 Expression Box

wizard 마법사
look up (사전에서) 찾아보다
proud 뿌듯한, 자랑스러운
finish 끝내다, 마무리 짓다
chapter (책의) 챕터, 장

일기의 흐름

① 나의 새로운 책은 마법사에 관한 것이다.

> My new book

내가 읽은 새로운 책

② 그것은 영어 책이다.

> It

③ 많은 단어들이 쉬웠다.

> Many words

책의 특징과 나의 행동

④ 하지만 모르는 단어들은 찾아봤다.

⑤ 나는 한 챕터를 다 읽고 나서 뿌듯했다.

⑥ 이런 책을 또 하나 읽어 보고 싶다.

영어책에 대한 느낌과 생각

⑦ 영어 책을 읽는 것은 재미있다!

Many words were easy.

1 많은 단어들이 까다로웠다.

Many words were _____

2 많은 단어들이 나쁘지 않았다.(보통이었다.)

_____

* 더 많은 표현은 책 속 부록 153쪽을 참고하세요.

STEP 3 자주 실수하는 문법 확인하기 | many와 much 중 알맞은 것을 골라 보세요.

★ many + 셀 수 있는 명사	★ much + 셀 수 없는 명사
many 많은 ⊕ apples 사과들 / words 단어들 / students 학생들	**much** 많은 ⊕ water 물 / air 공기 / homework 숙제

1 There are so (many / much) apples on the table.

테이블 위에 매우 **많은** 사과들이 있다.

2 I have so (many / much) homework to do.

나는 해야 할 너무 **많은** 숙제가 있다.

Chapter One, Done!

DATE		WEATHER	

1 나의 새로운 책은 마법사에 관한 것이다.

My new book

2 그것은 영어 책이다.

It

3 많은 단어들이 ●●●이었다. 난이도

Many words

4 하지만 모르는 단어들은 찾아봤다.

5 나는 한 챕터를 다 읽고 나서 ●●●했다. 감정

6 영어 책을 읽는 것은 재미있다!

 Idea Box

* 더 많은 표현은 책 속 부록 153쪽을 참고하세요.

 난이도

3 **difficult/tough/hard** 어려운
simple 간단한, 쉬운 **too hard** 너무 어려운
fine/okay/all right 괜찮은, 보통 난이도의

감정

5 **confident** 자신감 있는
satisfied 만족스러운 **pleased** 기쁜
contented 만족한 **rewarded** 보람 있는

Daily Life

DAY 21 An Epic Game
엄청난 경기

음원 듣기

| DATE | Sunday, November 10 | WEATHER | Dry |

I had a badminton match at school.

It was a doubles match.

I played with Andy.

We played an epic game.

I put on ✗a →an amazing performance.

Everyone clapped at the end.

Badminton always excites me.

 QUIZ ★ 본문에서 답을 찾아 ○표 해 보세요.

1️⃣ 나의 파트너는 누구였나요?

2️⃣ 모든 사람들이 마지막에 무엇을 했나요?

 Expression Box

match 경기
doubles 복식
epic 대단한, 굉장한
performance 경기력
clap 박수 치다

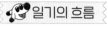 일기의 흐름

① 나는 학교에서 배드민턴 경기를 했다.

> I

주제
문장

② 그것은 복식 경기였다.

> It

③ 나는 앤디와 함께 경기를 했다.

> I

 경기 종류
및
파트너

4 우리는 엄청난 경기를 했다.

5 나는 놀라운 경기력을 보여줬다.

경기 중
있었던
일

6 마지막에 모두가 박수를 쳤다.

⑦ 배드민턴은 항상 나를 신나게 한다.

 나의
느낌 및
생각

Badminton always excites me.

soccer

basketball

1 축구는 항상 나를 신나게 한다.

always excites me.

2 농구는 항상 나를 신나게 한다.

_____

* 더 많은 표현은 책 속 부록 154쪽을 참고하세요.

STEP 3 자주 실수하는 문법 확인하기 | 관사 a/an을 알맞게 골라 보세요.

★ a/an + (형용사) + 셀 수 있는 명사

'(형용사) + 셀 수 있는 명사'에서 첫 발음이 자음이면 a	'(형용사) + 셀 수 있는 명사'에서 첫 발음이 모음[아,애,에,이,오,우,어]이면 an
ex **a book** 책 한 권	**ex** **an old book** 오래된 책 한 권

1 (a / an) key
열쇠 한 개

2 (a / an) small key
작은 열쇠 한 개

3 (a / an) old key
오래된 열쇠 한 개

4 (a / an) ant
개미 한 마리

5 (a / an) angry ant
화난 개미 한 마리

6 (a / an) big ant
큰 개미 한 마리

An Epic Game

DATE

WEATHER

① 나는 학교에서 ⚪⚪⚪ 경기를 했다. 스포츠

I

② 나는 ⚪⚪⚪와 함께 경기를 했다. 친구 이름

I

③ 우리는 엄청난 경기를 했다.

We

④ 나는 놀라운 경기력을 보여줬다.

⑤ 마지막에 모두가 ⚪⚪⚪했다. 행동+과거형

⑥ ⚪⚪⚪은 항상 나를 신나게 한다. 스포츠

Idea Box

* 더 많은 표현은 책 속 부록 154쪽을 참고하세요.

스포츠 ① ⑥ table tennis(ping-pong) 탁구
T-ball 티볼 softball 소프트볼 volleyball 배구
baseball 야구 tennis 테니스 dodgeball 피구

행동 ⑤ cheered 환호했다
shouted 환호성을 질렀다
went wild 열광했다

95

음원 듣기

| DATE | Monday, November 18 | WEATHER | Nippy |

What's my favorite thing? My bike.

I can explore a new route every day.

Today, Dad and I rode past the river.

I rode my bike ~~quick~~. → quickly

Dad let me win the race.

We saw other families biking, too.

A day like this is my favorite.

 QUIZ ★ 본문에서 답을 찾아 ○표 해 보세요.

1 아빠와 나는 어디에서 자전거를 탔나요?

2 자전거를 타면서 나는 무엇을 보았나요?

🐶 Expression Box

explore 탐험하다
route 길, 경로
ride (자전거, 차 등을) 타다
(ride-rode-ridden)
river 강
let ~하게 하다

96

일기의 흐름

① 내가 가장 좋아하는 것은? 나의 자전거이다.

> What's

주제
문장

② 나는 매일 새로운 길을 탐험할 수 있다.

> I

자전거
타기가
좋은
이유

③ 오늘, 아빠와 나는 강을 지나서 탔다.

Today, Dad and I

④ 나는 나의 자전거를 빠르게 탔다.

 오늘
있었던
일

⑤ 아빠는 내가 경기를 이기게 해 주셨다.

⑥ 우리는 다른 가족들도 자전거를 타는 것을 보았다.

⑦ 이런 날이 내가 정말 좋아하는 날이다.

>

 오늘의
기분

I rode my bike quickly.

slowly

carefully

1 나는 나의 자전거를 천천히 탔다.

I rode my bike

2 나는 나의 자전거를 조심스럽게 탔다.

* 더 많은 표현은 책 속 부록 155쪽을 참고하세요.

STEP **3** **자주 실수하는 문법 확인하기** | 문장을 바르게 고쳐 써 보세요.

★ 완전한 문장: 주어 + 동사 ┊ ★ 자세한 문장: 주어 + 동사 + 부사(동사를 꾸며 줌)

확인!

ex **I walked.**
나는 걸었다.

→

I walked slowly.
나는 느리게 걸었다.

I walked quickly.
나는 빠르게 걸었다.

부사는 '~(하)게'로 끝나는 말!

부사는 보통 형용사+ly의 형태예요.

1 She sang loud. 그녀는 크게 노래를 불렀다.

→

2 The cat moved silent. 그 고양이는 조용하게 움직였다.

→

98

My Pedal Pal

| DATE | | WEATHER | |

① 내가 가장 좋아하는 것은? 나의 자전거이다.

What's

② 나는 매일 새로운 길을 탐험할 수 있다.

I

3 오늘, 아빠와 나는 ◯◯◯◯ 탔다. 경로

Today, Dad and I

4 나는 나의 자전거를 ◯◯◯하게 탔다. 어떻게

5 우리는 다른 가족들도 자전거를 타는 것을 보았다.

⑥ 이런 날이 내가 정말 좋아하는 날이다.

 Idea Box

* 더 많은 표현은 책 속 부록 155쪽을 참고하세요.

경로
3 **past the forest** 숲을 지나서
along the bike path 자전거 도로를 따라서
through the park 공원을 통과해서

어떻게
4 **carefully** 조심스럽게 **fast** 빠르게
happily 행복하게 **gently** 부드럽게
wildly 거칠게 **quietly** 조용히

Daily Life

DAY 23 Lesson Learned
깨달은 교훈

음원 듣기

| DATE | Tuesday, April 3 | WEATHER | Windy |

Words can sometimes hurt.

I made fun of Andy's new shoes.

Later, I realized my mistake.

After school, I apologized to him.

I said, "I'm sorry, Andy."

→ Luckily
~~Luckyly~~, his smile returned.

I'll try my best to be a better friend.

 본문에서 답을 찾아 ○표 해 보세요.

⭐1 오늘 내가 잘못한 것은 무엇인가요?

⭐2 나는 앤디에게 뭐라고 사과했나요?

 Expression Box

lesson 교훈
word 말
hurt 상처를 주다
make fun of 놀리다
realize 깨닫다
apologize 사과하다

일기의 흐름

① 말은 때때로 상처를 줄 수 있다.

Words

주제
문장

② 나는 앤디의 새 신발을 놀렸다.

I

③ 나중에, 나는 내 실수를 깨달았다.

Later, I

나의
잘못과
반성

④ 방과 후에, 나는 그에게 사과했다.

⑤ 나는 "미안해, 앤디."라고 말했다.

나의
사과와
친구의
반응

⑥ 다행히, 그의 미소가 돌아왔다.

⑦ 나는 더 좋은 친구가 되도록 최선을 다할 것이다.

나의
다짐

I said, "I'm sorry, Andy."

I apologize

I regret it

1 나는 "내가 사과할게, 앤디."라고 말했다.

I said, "   , Andy."

2 나는 "나 그거 후회해, 앤디."라고 말했다.

* 더 많은 표현은 책 속 부록 156쪽을 참고하세요.

STEP **3** 자주 실수하는 문법 확인하기 | 부사를 바르게 고쳐 보세요.

> '부사'는 동사, 형용사, 부사,
> 문장 전체를 꾸며요.

★ 부사 형태(모든 부사가 -ly로 끝나지는 않아요.)

*형용사 + ly → 부사(ly) slow 느린 + ly → slowly 느리게 kind 친절한 + ly → kindly 친절하게	*y로 끝나는 형용사 + ly → 부사(ily) happy 행복한 + ly → happily 행복하게 lucky 운 좋은 + ly → luckily 운 좋게
*형용사 = 부사 fast 빠른 → fast 빠르게	*예외) 명사 + ly → 형용사(ly) friend 친구 + ly → friendly 친절한

1 Luckyly, his smile returned. →

다행히, 그의 미소가 돌아왔다.

2 Andy danced happyly in the rain. →

앤디는 빗속에서 **행복하게** 춤을 췄다.

102

Lesson Learned

DATE _____   WEATHER _____

1 말은 때때로 상처를 줄 수 있다.

Words .

2 나는 ●●●의 새 신발을 놀렸다. 친구 이름

I

3 방과 후에, 나는 그/그녀에게 사과했다.

After school, I

4 나는 "●●●, ●●●."라고 말했다. 사과 친구 이름

5 다행히, 그/그녀의 미소가 돌아왔다.

6 나는 더 좋은 친구가 되도록 ●●● 것이다. 노력

 Idea Box

* 더 많은 표현은 책 속 부록 156쪽을 참고하세요.

사과
4 **I messed up.** 내가 망쳤어.(내가 잘못했어.)
I was wrong. 내가 잘못했어.
I crossed the line. 내가 지나쳤어.

노력
6 **do my best** 노력하다
work harder 더 열심히 하다
make an effort 노력하다

Gratitude Journal

DAY 24 Mom, Dad, and Me

엄마, 아빠, 그리고 나

음원 듣기

Andy's Diary

| DATE | Wednesday, May 11 | WEATHER | Breezy |

Mom and Dad are special.

Mom helps me with my homework.

→ is always

She ~~always is~~ kind and patient.

Dad rides bikes with me.

He is the best biking buddy.

I feel their love every day.

Thank you, Mom and Dad.

 본문에서 답을 찾아 ○표 해 보세요.

1 엄마는 나의 무엇을 도와주나요?

2 아빠는 나와 무엇을 함께 하나요?

 Expression Box

special 특별한
always 항상
patient 인내심이 깊은
buddy 친구
feel 느끼다

일기의 흐름

① 엄마와 아빠는 특별하다.

Mom and Dad

주제
문장

② 엄마는 나의 숙제를 도와주신다.

Mom

③ 그녀는 항상 친절하고 인내심이 깊다.

She

엄마가
좋은
이유

④ 아빠는 나와 자전거를 탄다.

⑤ 그는 최고의 자전거 친구이다.

아빠가
좋은
이유

⑥ 나는 그들의 사랑을 매일 느낀다.

⑦ 엄마, 아빠, 감사합니다.

느낌과
생각

Mom helps me with my homework.

writing

cleaning

1 엄마는 나의 글쓰기를 도와준다.

Mom helps me with my

_____

2 엄마는 나의 청소를 도와준다.

_____

* 더 많은 표현은 책 속 부록 157쪽을 참고하세요.

STEP **3** **자주 실수하는 문법 확인하기** | 빈도 부사가 들어갈 알맞은 위치를 골라 보세요.

★ 빈도 부사(빈도를 나타내는 부사)				
0%	30~50%	60~70%	80~90%	100%
never 절대 ~ 않다	sometimes 때때로(가끔)	often 자주	usually 주로	always 항상

ex **I alway do my homework.**
나는 항상 내 숙제를 한다. (일반동사 앞)

I can often go swimming.
나는 자주 수영하러 갈 수 있다. (조동사 뒤)

She is never late.
그녀는 절대 늦지 않는다. (be동사 뒤)

> 빈도부사의 위치는
> '일앞 조be뒤'
> → 일반동사 앞
> 조동사, be동사 뒤

1 I ① brush ② my ③ teeth. always
나는 항상 나의 이를 닦는다.

2 We ① can ② see ③ stars ④ here. usually
우리는 여기서 보통 별들을 볼 수 있다.

3 I ① am ② late ③ for ④ school. sometimes
나는 가끔 학교에 늦는다.

Mom, Dad, and Me

DATE		WEATHER	

1 엄마와 아빠는 특별하다.

Mom and Dad

2 엄마는 나의 ●●●을 도와주신다. 할 일

Mom

3 그녀는 항상 친절하고 인내심이 깊다.

She

4 아빠는 나와 자전거를 탄다.

5 그는 최고의 자전거 ●●●이다. 친구

6 나는 그들의 사랑을 매일 느낀다.

 Idea Box

* 더 많은 표현은 책 속 부록 157쪽을 참고하세요.

할 일
2 assignments 과제 projects 프로젝트
math problems 수학 문제
handwriting 손글씨 쓰기

 친구
5 friend / pal / mate 친구
partner 파트너, 동료

Gratitude Journal

DAY 25 From Shy to Shining

수줍음에서 빛나기까지

음원 듣기

Mina's Diary

| DATE | Thursday, June 26 | WEATHER | Muggy |

→ Is English

~~English is~~ always difficult?

My teacher makes English easy.

His teaching style is fun.

English isn't my enemy anymore.

I'm not afraid of making mistakes.

I answer questions confidently.

Now, my favorite class is English.

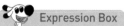

Expression Box

shy 수줍어하는
shine 빛나다
enemy 적
be afraid of 두려워하다
mistake 실수
confidently 자신 있게

 QUIZ ★ 본문에서 답을 찾아 ○표 해 보세요.

1️⃣ 내가 이제 두려워하지 않는 것은 무엇인가요?

2️⃣ 지금 내가 가장 좋아하는 수업은 무엇인가요?

일기의 흐름

① 영어는 항상 어려울까?

Is

주제
소개

② 나의 선생님은 영어를 쉽게 만들어 주신다.

My teacher

③ 그의 가르치는 방식은 재미있다.

His teaching style

영어
수업의
특징

④ 영어는 더 이상 나의 적이 아니다.

⑤ 나는 실수하는 것을 두려워하지 않는다.

변화된
모습과
생각

⑥ 나는 자신 있게 질문들에 대답한다.

⑦ 이제, 내가 가장 좋아하는 수업은 영어이다.

I answer questions confidently.

loudly

easily

1 나는 큰 소리로 질문들에 대답한다.

I answer questions

_____

2 나는 쉽게 질문들에 대답한다.

_____

* 더 많은 표현은 책 속 부록 158쪽을 참고하세요.

STEP **3** **자주 실수하는 문법 확인하기** | be동사의 의문문으로 고쳐 보세요.

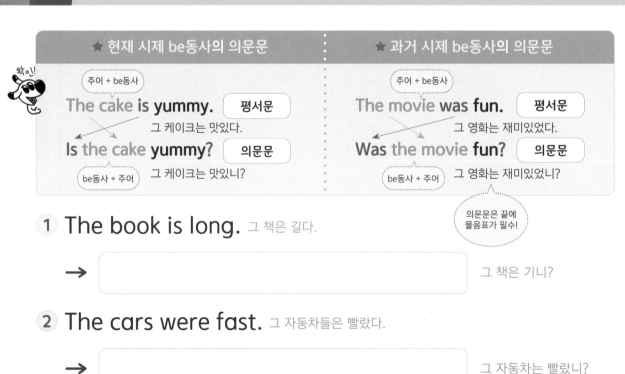

★ 현재 시제 be동사의 의문문	★ 과거 시제 be동사의 의문문
주어 + be동사	주어 + be동사
The cake **is** yummy. 평서문	The movie **was** fun. 평서문
그 케이크는 맛있다.	그 영화는 재미있었다.
Is the cake yummy? 의문문	**Was** the movie fun? 의문문
be동사 + 주어 그 케이크는 맛있니?	be동사 + 주어 그 영화는 재미있었니?

의문문은 끝에
물음표가 필수!

1 The book is long. 그 책은 길다.

→ [   ] 그 책은 기니?

2 The cars were fast. 그 자동차들은 빨랐다.

→ [   ] 그 자동차는 빨랐니?

110

From Shy to Shining

DATE		WEATHER	

1 영어는 항상 어려울까?

> Is

2 나의 선생님은 영어를 쉽게 만들어 주신다.

> My teacher

3 그/그녀의 가르치는 방식은 하다. 느낌

> teaching style

4 영어는 더 이상 나의 적이 아니다.

5 나는 ●●●하게 질문들에 대답한다. 어떻게

6 이제, 내가 가장 좋아하는 수업은 영어이다.

 Idea Box

* 더 많은 표현은 책 속 부록 158쪽을 참고하세요.

 느낌
3 **interesting** 재미있는 **exciting** 신나는
motivating 동기부여가 되는
easy to understand 이해하기 쉬운

 어떻게
5 **clearly** 명확하게 **brightly** 밝게
correctly 올바르게
proudly 자랑스럽게

111

DAY 26 New Year's Resolutions
새해 결심들

음원 듣기

| DATE | Friday, December 27 | WEATHER | Sunny and Cold |

I have three New Year's resolutions.

Reading many books ~~are~~ →is my first goal.

I think I only read two books this year.

I also promise to reduce my screen time.

Lastly, I will wake up earlier.

That means going to bed early!

I hope to have a great year.

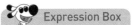 Expression Box

resolution 결심, 다짐
promise 약속하다, 다짐하다
reduce 줄이다
screen time 스크린 타임
(전자기기를 이용하는 시간)
lastly 마지막으로

 본문에서 답을 찾아 ○표 해 보세요.

1 나의 첫 번째 새해 결심은 무엇인가요?

2 나는 무엇을 줄이려고 결심하나요?

일기의 흐름

① 나는 새해 결심이 세 가지 있다.

주제
문장

② 많은 책을 읽는 것이 나의 첫 번째 목표이다.

Reading many books

③ 나는 올해 단 두 권의 책만 읽은 것 같다.

④ 나는 또한 나의 스크린 타임을 줄일 것을 약속한다.

새해
결심
3가지

⑤ 마지막으로, 나는 더 일찍 일어나겠다.

⑥ 그것은 일찍 자겠다는 뜻이다!

⑦ 나는 멋진 한 해를 보내기를 바란다.

나의
기대

> ## I will wake up earlier.

eat healthier

read every day

1 나는 더 건강하게 먹을 것이다.

I will _____

2 나는 매일 책을 읽을 것이다.

_____

* 더 많은 표현은 책 속 부록 159쪽을 참고하세요.

STEP 3 자주 실수하는 문법 확인하기 | 틀린 부분을 찾아 적고 바르게 고쳐 보세요.

★ 틀린 문장: 주어-동사 수 불일치 ✕ 　　★ 맞는 문장: 주어-동사 수 일치 O

확인! ex Playing games are exciting. ✕ → Playing games is exciting. O

게임들을 하는 것은 신난다.　　게임들을 하는 것은 신난다.

게임들이 주어가 아니라
'게임들을 하는 것'이 주어

동명사(-ing)가 주어라면
단수 취급!

1 Drawing pictures are fun. 그림을 그리는 것은 재미있다.

2 Eating too many candies are not good. 사탕을 너무 많이 먹는 것은 좋지 않다.

114

New Year's Resolutions

DATE WEATHER

① 나는 새해 결심이 세 가지 있다.

I

② 많은 책을 읽는 것이 나의 첫 번째 목표이다.

Reading many books

③ 나는 올해 단 두 권의 책만 읽은 것 같다.

I

④ 나는 또한 ⚪⚪⚪할 것을 약속한다. 행동

⑤ 마지막으로, 나는 ⚪⚪⚪하겠다. 다짐

⑥ 나는 멋진 한 해를 보내기를 바란다.

 Idea Box

* 더 많은 표현은 책 속 부록 159쪽을 참고하세요.

 ④ **stop biting my nails** 손톱을 물어뜯지 않다
avoid junk food 불량식품을 피하다
reduce my late nights 늦게 자는 것을 줄이다

 ⑤ **study harder** 더 열심히 공부하다
exercise regularly 규칙적으로 운동하다
save my allowance 용돈을 저축하다

Future Diary

DAY 27 My Wish
나의 소원

음원 듣기

| DATE | Sunday, May 26 | WEATHER | Sunny |

What if I had a wish?

I would pick time travel.

I want to meet King Sejong.

What was an old school like?

→ myself
I could also see ✗ me in the future.

Will there be flying cars?

Time travel sounds so exciting.

 본문에서 답을 찾아 ○표 해 보세요.

⭐ 나의 소원은 무엇인가요?

⭐ 미래에서 내가 확인하고 싶은 두 가지는 무엇인가요?

 Expression Box

wish 소원
pick 고르다, 선택하다
time travel 시간 여행
like ~와 같은, ~와 비슷한
myself 나 자신
future 미래

일기의 흐름

① 만약 나에게 한 가지 소원이 있다면?

> What if I

주제
문장

② 나는 시간 여행을 선택할 것이다.

> |

③ 나는 세종대왕을 만나 보고 싶다.

> |

④ 옛날 학교는 어땠을까?

시간 여행
할 때
하고 싶은
것

⑤ 또한 나는 미래의 나를 볼 수 있을 것이다.

⑥ 미래에는 날아다니는 차들도 있을까?

⑦ 시간 여행은 정말 흥미롭게 들린다.

나의
기대

I would pick time travel.

flying

invisibility

1 나는 나는 것을 선택할 것이다.

I would pick _____

2 나는 투명인간이 되는 것을 선택할 것이다.

_____

* 더 많은 표현은 책 속 부록 160쪽을 참고하세요.

STEP **3** **자주 실수하는 문법 확인하기** | 재귀대명사를 사용하여 문장을 써 보세요.

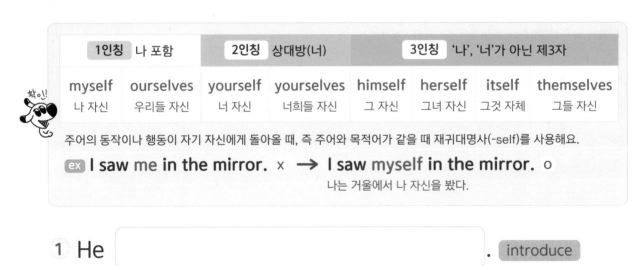

1인칭 나 포함		2인칭 상대방(너)		3인칭 '나', '너'가 아닌 제3자			
myself	ourselves	yourself	yourselves	himself	herself	itself	themselves
나 자신	우리들 자신	너 자신	너희들 자신	그 자신	그녀 자신	그것 자체	그들 자신

주어의 동작이나 행동이 자기 자신에게 돌아올 때, 즉 주어와 목적어가 같을 때 재귀대명사(-self)를 사용해요.

ex I saw me in the mirror. x → I saw myself in the mirror. o
나는 거울에서 나 자신을 봤다.

1 He _____ . introduce

그는 그 자신을 소개했다.

2 The bear _____ . scratch

그 곰은 자기 자신을 긁었다.

118

My Wish

DATE		WEATHER	

1 만약 나에게 한 가지 소원이 있다면?

> What if I

2 나는 시간 여행을 선택할 것이다.

> I

3 나는 ◯◯◯◯를 만나 보고 싶다. 사람

> I

4 옛날 ◯◯◯은 어땠을까? 물건

5 미래에는 날아다니는 차들도 있을까?

6 시간 여행은 정말 흥미롭게 들린다.

 **Idea Box**

* 더 많은 표현은 책 속 부록 160쪽을 참고하세요.

사람
3 **Steve Jobs** 스티브 잡스
Admiral Yi Sun-sin 이순신 장군
유명인, 역사 속 인물 등 (우리말로도 가능)

 물건
4 **bathroom** 화장실 **clock** 시계
vehicle 차량, 탈것 **phone** 전화
textbook 교과서

A Future Engineer
미래의 엔지니어

음원 듣기

| DATE | Monday, January 27 | WEATHER | Snowflakes Falling |

I love computers more than toys.

Games are more fun than TV shows.

Dad's laptop is ~~biger~~ → bigger than mine.

Dad shows me some cool programs.

I'll invent the best gadget.

I dream of future tech.

I will be an engineer.

 본문에서 답을 찾아 ○표 해 보세요.

1️⃣ 나는 장난감보다 무엇을 좋아하나요?

2️⃣ 내가 꿈꾸는 직업은 무엇인가요?

 Expression Box

future 미래, 미래의
engineer 엔지니어, 공학자
laptop 노트북 (컴퓨터)
*무릎 위 넓은 부분(lap) + 위(top)
→ lap 위에 두고 쓰는 컴퓨터
gadget 장치, 기계

🎵 일기의 흐름

① 나는 장난감보다 컴퓨터가 더 좋다.

I

나의
관심사

② 게임은 TV 프로그램보다 더 재미있다.

Games

③ 아빠의 노트북은 내 것보다 더 크다.

Dad's laptop

아빠의
장비

④ 아빠는 나에게 몇몇 멋진 프로그램들을 보여준다.

⑤ 나는 최고의 장치를 발명할 것이다.

⑥ 나는 미래의 기술을 꿈꾼다.

나의
꿈과
다짐

⑦ 나는 엔지니어가 될 것이다.

I love computers more than toys.

ice cream / cake

dogs / cats

1 나는 케익보다 아이스크림이 더 좋다.

I love _____ more than _____

2 나는 고양이보다 개가 더 좋다.

_____

* 더 많은 표현은 책 속 부록 161쪽을 참고하세요.

STEP 3 자주 실수하는 문법 확인하기 | 형용사의 비교급을 만들어 보세요.

★ 형용사의 비교급 표현(-er)
* 일반 형용사 → -(e)r small → smaller 더 작은
* 단모음 + 단자음 형용사 → 자음 반복 + -er big → bigger 더 큰
* 자음 + y로 끝나는 형용사 → -ier happy → happier 더 행복한
* 2음절 이상인 형용사 → more + 형용사 important → more important 더 중요한

1 He is [_____] than me. small 그가 나보다 더 작다.

2 I am [_____] than you. heavy 내가 너보다 더 무겁다.

A Future Engineer

DATE		WEATHER	

1 나는 장난감보다 ◯◯◯가 더 좋다. 전자제품

> I

2 그것들은 TV 프로그램보다 더 재미있다.

> They

3 아빠는 나에게 몇몇 멋진 ◯◯◯을 보여준다. 전자제품

> Dad

4 나는 최고의 장치를 발명할 것이다.

5 나의 미래의 기술을 꿈꾼다.

6 나는 엔지니어가 될 것이다.

 Idea Box

전자제품 **1** **3** **smartphones** 스마트폰들 **tablets** 태블릿들 **VR headsets** VR(가상현실) 헤드셋들
drones 드론들 **smart speakers** 스마트 스피커들 **bluetooth earphones** 블루투스 이어폰들
3D printers 3D 프린터들 **3D pens** 3D 펜들 **digital cameras** 디지털 카메라들

123

DAY 29

The President
대통령

음원 듣기

| DATE | Tuesday, February 4 | | WEATHER | Fine dust |

If I were the president,

I would make the happiest country.

No one would be sad or hungry.

I would build homes for the homeless.

I would also make ~~safest~~ streets.   → the safest

And there would be no homework!

One day, who knows?

 본문에서 답을 찾아 ○표 해 보세요.

1 나는 어떤 나라를 만들고 싶어 하나요?

2 내가 대통령이라면 무엇을 없앨까요?

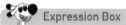 Expression Box

president 대통령, 회장
country 나라
build 짓다
the homeless 노숙자들
homework 숙제
one day 언젠가

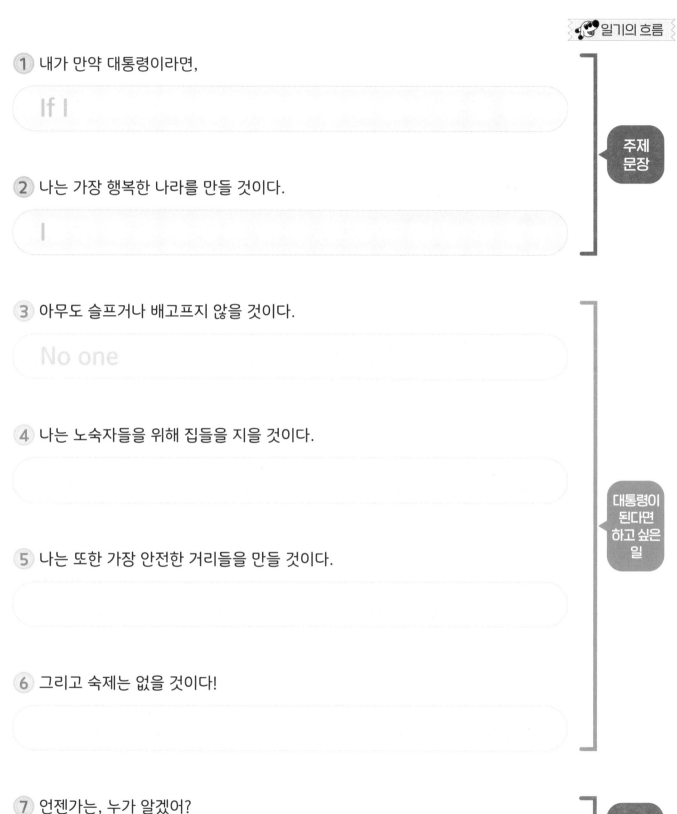

일기의 흐름

① 내가 만약 대통령이라면,

If I

② 나는 가장 행복한 나라를 만들 것이다.

I

주제
문장

③ 아무도 슬프거나 배고프지 않을 것이다.

No one

④ 나는 노숙자들을 위해 집들을 지을 것이다.

⑤ 나는 또한 가장 안전한 거리들을 만들 것이다.

대통령이
된다면
하고 싶은
일

⑥ 그리고 숙제는 없을 것이다!

⑦ 언젠가는, 누가 알겠어?

나의
기대

If I were the president, I would...

a superhero

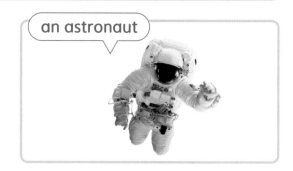

an astronaut

1 내가 만약 슈퍼히어로라면, 나는 …

If I were   , I would...

2 내가 만약 우주 비행사라면, 나는 …

* 더 많은 표현은 책 속 부록 162쪽을 참고하세요.

STEP 3 자주 실수하는 문법 확인하기 | 형용사의 최상급 표현을 만들어 보세요.

★ 형용사의 최상급 표현(the -est)

* 일반 형용사 → the -(e)st small → the smallest 가장 작은	* 단모음 + 단자음 형용사 → the 자음 반복 + -est big → the biggest 가장 큰
* 자음 + y로 끝나는 형용사 → the -iest happy → the happiest 가장 행복한	* 2음절 이상인 형용사 → the most + 형용사 important → the most important 가장 중요한

1 He is ☐ ☐ person in his family. young

그는 그의 가족 중에서 **가장 어린** 사람이다.

2 Seoul is ☐ ☐ city in Korea. big

서울은 대한민국에서 **가장 큰** 도시이다.

126

The President

DATE		WEATHER

1 내가 만약 ⚪⚪⚪⚪이라면, 인물

> If I

2 나는 가장 행복한 나라를 만들 것이다.

> I would

3 아무도 슬프거나 배고프지 않을 것이다.

> No one

4 나는 또한 가장 안전한 거리들을 만들 것이다.

5 그리고 ⚪⚪⚪는 없을 것이다! 싫은 일

6 언젠가는, 누가 알겠어?

Idea Box

* 더 많은 표현은 책 속 부록 162쪽을 참고하세요.

인물
1 **a wizard** 마법사
a king 왕
a congressman 국회의원

싫은 일
5 **studying** 공부 **chores** 집안일
nagging 잔소리
short vacations 짧은 방학

127

Future Diary

DAY 30

Double Me
두 명의 나

음원 듣기

DATE	Wednesday, June 26	WEATHER	Showers

→ Imagine

~~Imagining~~ having two of me.

One would go to school.

The other would play soccer.

I could learn new things in school.

I could score goals in soccer.

Two of me sounds amazing.

Every day would be double fun.

QUIZ ★ 본문에서 답을 찾아 ○표 해 보세요.

⭐ 내가 두 명이라면, 한 명은 무엇을 할까요?

⭐ 내 몸이 두 개라면, 다른 한 명은 무엇을 할까요?

Expression Box

double 두 배의
imagine 상상하다
soccer 축구
score 득점하다, (골을) 넣다
sound ~처럼(~같이) 들리다

일기의 흐름

① 내가 두 명이라고 상상해 보자.

Imagine

주제
소개

② 한 명은 학교에 갈 것이다.

One

③ 다른 한 명은 축구를 할 것이다.

The other

내 몸이
두 개라면
하고
싶은것

④ 나는 학교에서 새로운 것들을 배울 수 있다.

⑤ 나는 축구에서 골을 넣을 수 있다.

⑥ 내가 두 명이라는 것은 멋지게 들린다.

내가
두 명인
상상의
느낌과
기대

⑦ 매일이 두 배로 재미있을 것이다.

Two of me sounds amazing.

incredible

fantastic

1 내가 두 명이라는 것은 믿을 수 없게 들린다.

Two of me sounds

2 내가 두 명이라는 것은 환상적으로 들린다.

＊ 더 많은 표현은 책 속 부록 163쪽을 참고하세요.

★ 상대방에게 지시하는 명령문

| 평서문 | ~하다, ~이다 | → | 명령문 | ~해라 |

ex **You go to bed early.**
너는 일찍 자러 간다.

Go to bed early.
일찍 자러 가.

항상 동사원형
Going (x)
Goes (x)

1 Walks quietly in the hallway. →

복도에서 조용히 걸어 다녀.

2 Finishing your homework. →

너의 숙제를 끝내.

Double Me

DATE		WEATHER	

① 내가 두 명이라고 상상해 보자.

Imagine

② 한 명은 ◯◯◯◯에 갈 것이다. 장소

One

③ 다른 한 명은 축구를 할 것이다.

The other

④ 나는 ◯◯◯◯할 수 있다. 활동

⑤ 나는 축구에서 골을 넣을 수 있다.

⑥ 내가 두 명이라는 것은 멋지게 들린다.

Idea Box

* 더 많은 표현은 책 속 부록 163쪽을 참고하세요.

장소
② **the library** 도서관
the amusement park 놀이 공원
the sports stadium 스포츠 경기장

활동
④ **read a book** 책을 읽다
ride the rides 놀이 기구를 타다
watch a performance 경기 관람하다

Keeping a Diary in English

DAY 31 | Title

My Diary

DATE

WEATHER

★ 사전에서 찾아본 단어나 표현 정리하기

따라 쓰기부터 내 일기까지 **하루 4쪽이면 완성!**

바빠 초등
영어 일기 쓰기

영어 일기 표현 사전

✿ 본문 속 문장을 활용할 수 있도록 어휘와 표현을 추가 정리했어요.

✿ 우리말로 바로 찾아 써 보세요.

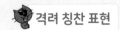 격려 칭찬 표현

My teacher said, "Great job!" 선생님께서 "잘했어!"라고 말씀하셨다.

기특하다!	Impressive!	넌 능력 있어.	You're capable.
계속 이렇게 해봐!	Keep it up!	열심히 했구나!	You worked hard!
계속해 봐!	Keep going!	잘하고 있어!	You're doing well!
괜찮아.	It's okay.	진짜 잘했어!	You really did well!
너무 자랑스러워!	I'm so proud of you!	한걸음씩 가자!	Let's take it one step at a time!
너무 잘하고 있어!	You're doing so well!	훌륭해! 끝까지 해내자!	Great! Let's finish this!
너의 진전이 눈에 띄네!	I can see your progress!	힘내!	Cheer up!

ex My mom looked at my homework and said, "You're doing well!"
우리 엄마는 내 숙제를 보고 나서 "잘하고 있어!"라고 말씀하셨다.

과목명

We worked on a math project. 우리는 수학 프로젝트를 했다.

가정	home economics	생물	biology
물리	physics	세계사	world history
사회	social studies	화학	chemistry

ex My favorite subject is social studies.
내가 가장 좋아하는 과목은 사회이다.

memo

 기분·감정 표현

We felt proud. 우리는 뿌듯했다.

궁금해하는	curious	좌절한	frustrated
무서워하는	scared	질투하는	jealous
실망한	disappointed	화난	angry
안도하는	relieved	희망찬	hopeful

ex After hearing my friend's story, I felt hopeful.
내 친구의 이야기를 들은 후에, 나는 희망찼다.

🐱 교실 학급 운영에 관한 활동 표현

Our job was to clean the classroom. 우리의 임무는 교실을 청소하는 것이었다.

미술 용품을 정리하다	organize the art supplies	출석을 체크하다	check attendance
발표를 준비하다	prepare for the presentation	칠판을 지우다	erase the blackboard
유인물을 나눠주다	distribute the handouts	폴더에 라벨을 붙이다	label the folders
의자를 배열하다	arrange the chairs	프로젝터를 설치하다	set up the projector
재활용품을 모으다	collect the recycling	학급 달력을 업데이트하다	update the class calendar
책을 정리하다	sort the books		

ex We need to sort the books.
우리는 책들을 정리해야 한다.

▶▶ 교실에서 할 수 있는 활동 동사의 3단 변화

- 나눠주다, 배포하다   distribute-distributed-distributed
- 라벨 붙이다   label-labeled-labeled
- 모으다   collect-collected-collected
- 배열하다, 정리하다   arrange-arranged-arranged
- 설치하다   set-set-set
- 업데이트하다, 갱신하다   update-updated-updated

- 정리하다, 분류하다   sort-sorted-sorted
- 정리하다, 조직하다   organize-organized-organized
- 준비하다   prepare-prepared-prepared
- 지우다   erase-erased-erased
- 확인하다, 체크하다   check-checked-checked

135

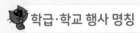 수업 시간에 할 수 있는 활동 표현

I spoke in front of the class. 나는 반 친구들 앞에서 발표를 했다.

과학 프로젝트를 발표하다	presented my science project	이야기를 읽다	read a story
수학 해답을 설명하다	explained the math solution	주제에 대해 토론하다	debated a topic
시를 낭송하다	recited a poem	플루트를 연주하다	played the flute
열대우림에 대해 보고하다	acted out a role		

ex He surprised us when he played the flute.
그는 플루트 연주를 할 때 우리를 놀래켰다.

학급·학교 행사 명칭

It was a Korean presentation. 그것은 국어 발표였다.

과학 박람회	science fair	시 읽기	poetry reading
과학 실험	science experiment	영어 토론	English debate
글쓰기 워크숍	writing workshop	영화 상영	film screening
도서 보고서	book report	음악 독주회	music recital
도서 클럽 모임	book club meeting	체육 대회	sports day
문화 축제	cultural festival	현장 학습	field trip
봉사 활동	community service	환경 캠페인	environmental campaign
수학 퀴즈	math quiz		

ex Today's highlight was the math quiz.
오늘의 하이라이트는 수학 퀴즈였다.

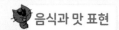 **음식과 맛 표현**

The chicken **was** crispy. 치킨은 바삭했다.

갈비탕	*galbitang*	스파게티	spaghetti
김밥	*kimbap*	아이스크림	ice cream
떡국	*tteokguk*	요구르트	yogurt
떡볶이	*tteokbokki*	초밥	sushi
샌드위치	sandwich	초코칩 쿠키	chocolate chip cookies
샐러드	salad	햄버거	hamburger
달콤한	sweet	쓴	bitter
따뜻한	warm	약간의	mild
뜨거운	hot	진한	rich
바삭바삭한	crunchy	짠	salty
부드러운	smooth	쫀득한	chewy
시원한, 상쾌한	refreshing	차가운	cold
신, 상한	sour	크리미한	creamy
싱거운	bland		

ex Have you tried the *galbitang*? It's really rich.
갈비탕을 먹어 본 적 있나요? 정말 진하다.

memo

 성격을 묘사하는 표현

He is shy. 그는 수줍어한다.

낙천적인	optimistic	자립적인	independent
내성적인	introverted	자신감 있는	confident
비관적인	pessimistic	재미있는	funny
섬세한	sensitive	진지한	serious
성실한	diligent	창의적인	creative
시끄러운	loud	책임감 있는	responsible
외향적인	extroverted	친절한	kind
자기 중심적인	self-centered	호기심 많은	curious

ex **She seems** kind.
그녀는 친절해 보인다.

취미 활동 표현

He is good at drawing. 그는 그림을 잘 그린다.

계산하기	calculating	춤추기	dancing
농구하기	playing basketball	코딩하기	coding
디자인하기	designing	퍼즐 맞추기	solving puzzles
요리하기	cooking	프로그래밍하기	programming
책 읽기	reading books	피아노 치기	playing the piano

ex **He enjoys** coding.
그는 코딩하는 것을 즐긴다.

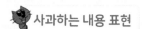 사과하는 내용 표현

I said sorry for yelling at her. 나는 그녀에게 소리 질러서 미안하다고 말했다.

과제 복사하기	copying homework	비난하기	blaming
뒷담화하기	gossiping	싸우기	fighting
물건 숨기기	hiding things	장난치기	pranking
밀치기	pushing	흉내내기	mocking

ex **I felt bad about** pushing.
나는 밀치기에 기분 나빴다.

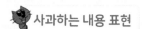 부정적인 감정 표현

I was upset. 나는 기분이 상했다.

무서워하는	scared	외로운	lonely
무서워하는	fearful	좌절한	frustrated
부끄러운	embarrassed	질투하는	jealous
불안한	anxious	헷갈리는	confused
스트레스 받는	stressed	후회하는	regretful
슬픈	sad		

ex **I wish I wasn't so** regretful.
나는 너무 후회하지 않기를 바란다.

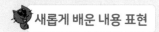 새롭게 배운 내용 표현

I learned how to swim. 나는 수영하는 방법을 배웠다.

드럼을 치다	play the drum	탁구 치다	play table tennis
바이올린을 연주하다	play the violin	태권도 연습하다	practice taekwondo
발레를 하다	do ballet	리코더 연주하다	play the recorder
서예를 하다	do calligraphy	한국사를 배우다	learn Korean history
영어로 말하다	speak English	한글을 쓰다	write Hangul
체스를 두다	play chess	한자를 읽다	read *hanja*

ex I can't wait to learn Korean history tomorrow.
나는 내일 한국사 배우기를 빨리 배우고 싶다.

기분·생각에 대한 비유 표현

I felt like a fish. 나는 마치 물고기처럼 느껴졌다.

강아지처럼 (기쁘게 느낄 때)	like a puppy	양처럼 (평화롭게 느낄 때)	like a sheep
거북이처럼 (천천히 느낄 때)	like a turtle	여우처럼 (영리하게 느낄 때)	like a fox
나비처럼 (가볍게 느낄 때)	like a butterfly	열린 문처럼 (새로운 기회를 원할 때)	like an open door
돼지처럼 (먹을 때 행복하게 느낄 때)	like a pig	원숭이처럼 (장난스럽게 느낄 때)	like a monkey
빛나는 다이아몬드처럼 (특별한 능력을 발휘할 때)	like a sparkling diamond	토끼처럼 (빠르게 느낄 때)	like a rabbit
빛나는 별처럼 (특별하게 느낄 때)	like a shining star	폭풍 속의 배처럼(어려운 상황에서 힘들게 느낄 때)	like a ship in a storm
사자처럼 (용감하게 느낄 때)	like a lion	햄스터처럼 (바쁘게 느낄 때)	like a hamster

ex Today I was like a turtle.
오늘 나는 거북이 같다.

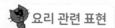 요리 관련 표현

Cooking **was super fun.** 요리는 정말 재미있었다.

끓이기	boiling	뿌리기	sprinkling
굽기	grilling	얇게 썰기	slicing
달이기	sweetening	얹기	topping
부치기	frying	절이기	pickling
빻기	grinding	찌기	steaming

ex Stirring **was very fun.**
휘젓기는 아주 재미있었다.

식사·간식 명칭

I helped make dinner **today.** 나는 저녁 식사 만드는 것을 도와드렸다.

반찬	side dishes	애피타이저	appetizer
브런치(아침 겸 점심)	brunch	점심 도시락	boxed lunch
야식	late-night snack	티 타임	tea time

ex **We enjoyed our** brunch.
우리는 브런치를 즐겼다.

음식 명칭

Mom let me stir the curry. 엄마는 내가 카레를 젓게 했다.

김치찌개	*kimchi jjigae*	빵 반죽	bread dough
된장찌개	*doenjang jjigae*	팬케이크 반죽	pancake batter

ex *Kimchi jjigae* **is my family's favorite.**
김치찌개는 나의 가족이 가장 좋아하는 것이다.

141

🐱 정리 상태를 나타내는 표현

My room was messy. 내 방은 엉망이었다.

깔끔한	neat	먼지 없는	dust-free
깨끗이 청소된	swept	빛나는	shining

ex **The living room looked** neat.
거실은 깔끔해 보였다.

🐱 집안 실내 공간 명칭

I didn't clean my room today. 오늘 나는 내 방을 청소하지 않았다.

공부 공간	the study area	식당	the dining room
놀이방	the playroom	작업 공간	the workstation
발코니	the balcony	작은방	the guest room

ex **I forgot to tidy the** study area.
나는 공부 공간을 정리하는 것을 잊었다.

🐱 가족 구성원 명칭

My mom was not happy. 나의 엄마는 기분이 좋지 않았다.

고모, 이모	aunt	조부모님	grandparents
부모님	parents	친척	relative
삼촌	uncle	남자 형제	brother

ex **My uncle told me always to be kind.**
나의 삼촌은 나에게 항상 친절하게 말했다.

놀이 명칭

I love playing tag. 나는 술래잡기를 매우 좋아한다.

| 돌멩이 던지기 | stone skipping | 좀비 게임 | zombie game |
| 물통 세우기 | bottle flipping | 짝찾기 | memory card game |

ex **My favorite game is** stone skipping.
내가 가장 좋아하는 게임은 돌멩이 던지기이다.

긍정적인 감정·동작 표현

My friends make me laugh. 내 친구들은 나를 웃게 한다.

감사한	grateful	콧노래를 부르다	hum
껄껄 웃다	chuckle	키득거리다	giggle
뛰다	jump	편안한	relaxed
만족한	content	행복한	delighted
박수치다	clap	활짝 웃다	grin
안심한	relieved	희망적인	positive

ex **This book will make you** delighted.
이 책은 너를 행복하게 만들 것이다.

memo

143

감정 반응 동작 표현

I cried. 나는 울었다.

눈물을 참았다	held back tears	심호흡을 하다	took a deep breath
목소리를 높였다	raised one's voice	어깨가 으쓱했다	shrugged shoulders
발을 굴렀다	stomped feet	팔짱을 끼었다	crossed arms

ex In class, we all held back tears.
교실에서, 우리는 모두 눈물을 참았다.

영상 소재 단어

It was about a lost puppy. 그것은 길 잃은 강아지에 관한 것이었다.

강아지 묘기	puppy tricks	신비한 섬	a mysterious island
귀여운 아기 동물들	cute baby animals	아슬아슬한 서커스	a thrilling circus
로봇 대결	robot battles	외계인 친구	an alien friend
맛있는 요리쇼	a delicious cooking show	용감한 슈퍼히어로	a brave superhero
멋진 불꽃놀이	cool fireworks	우주 모험	a space adventure
미래 도시	a future city	재밌는 학교생활	fun school life
바다 탐험	underwater exploration	컬러풀한 그림 그리기	a colorful painting
보물 찾기	treasure hunting	흥미로운 과학	interesting science

ex We watched cool fireworks together.
우리는 함께 멋진 불꽃놀이를 보았다.

144

 일과·일상 시간 표현

I will draw more tomorrow. 나는 내일 더 그릴 것이다.

겨울방학에	during winter vacation	밤에	at night
내일 저녁에	tomorrow evening	아침에	in the morning
다음 겨울에	next winter	이번 방학에	this vacation
다음 주에	next week	이번 여름에	this summer
다음 휴일에	next holiday	이번 주말에	this weekend
다음에	next time	저녁에	in the evening
매일	every day	학교 축제에	at the school festival
매주	every week		

ex Next week, I will meet my friends.
다음 주에, 나는 내 친구들을 만날 것이다.

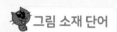 그림 소재 단어

I drew my friend Mina. 나는 내 친구 미나를 그렸다.

나의 선생님과 재미난 수업	a fun class with my teacher	내가 좋아하는 캐릭터	my favorite character
나의 우상	my idol	우리 반 교실	my classroom
내 꿈의 집	my dream house	우리 집	my home
내 반 친구들	my classmates	학교 급식실	the school cafeteria
내가 가고 싶은 곳	a place I want to visit	학교에서의 첫날	my first day at school
내가 좋아하는 동물	my favorite animal		

ex Drawing my dream house was fun.
나의 꿈의 집을 그리는 것은 재미있었다.

 갖고 싶은 물건 단어

I want a smartphone. 나는 스마트폰을 갖고 싶다.

3D 펜	a 3D pen	비디오게임	a video game
3D 프린터	a 3D printer	스케이트보드	a skateboard
가상 현실 헤드셋	a virtual reality headset	스포츠 용품	sports equipment
과학 실험 키트	a science kit	액션 피규어	an action figure
그림 도구	art supplies	음악 악기	a musical instrument
롤러스케이트	roller skates	일기장	a diary
메이크업 세트	a makeup set	퍼즐	a puzzle
보석 만들기 키트	jewelry-making kit	헤어 액세서리 키트	a hair accessory kit

ex A 3D printer **would be amazing.**
3D 프린터는 놀랍다.

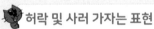 허락 및 사러 가자는 표현

I hope she says, "Yes." 그녀가 "그래"라고 하시면 좋겠다.

가서 사자!	Let's get it!	쇼핑할 시간이야!	Time to shop!
너는 그것을 받을 자격이 있어.	You deserve it.	이뤄 보자.	Let's make it happen.
사줄께.	I'll buy it for you.	이제 살 준비가 되었어.	We're ready to buy it.
쇼핑하러 가자.	Let's go shopping.		

ex My dad said, "You deserve it."
아빠는 "너는 그것을 받을 자격이 있다."라고 말했다.

 **하기 싫은 활동**

I didn't want to go to math class. 나는 수학 학원에 가고 싶지 않았다.

방을 청소하다	clean my room	쓰레기를 버리다	take out the trash
빨래하다	do the laundry	집을 정리하다	tidy up the house
설거지를 하다	wash the dishes	책을 읽다	read a book
수학 문제를 풀다	solve math problems	치과에 가다	go to the dentist
시험 공부를 하다	study for a test	프로젝트를 마치다	finish my project

ex I need to clean my room first.
나는 먼저 내 방을 청소할 필요가 있다.

하고 싶은 활동

I wanted to play with my friends instead. 나는 대신 내 친구들과 놀고 싶었다.

공원에 가다	go to the park	수영하다	go swimming
그림을 그리다	draw pictures	스케이트보드를 타다	go skateboarding
기타를 치다	play the guitar	영화를 보다	watch a movie
농구하다	play basketball	자전거를 타다	ride a bicycle
드럼을 치다	play the drum	축구를 하다	play soccer
보드게임을 하다	play board games	콘서트에 가다	go to a concert
비디오 게임하다	play video games	퍼즐을 맞추다	do puzzles
소풍을 가다	have a picnic	피아노를 연주하다	play the piano

ex Do you want to watch a movie?
영화 보고 싶니?

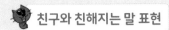

친구와 친해지는 말 표현

Tomorrow, I will say, "Hello." 내일, 나는 "안녕."이라고 말할 것이다.

네 가방이 멋져.	Your bag is cool.	네가 가장 좋아하는 영화는 뭐야?	What's your favorite movie?
네 개그가 재밌어.	Your jokes are funny.	네가 가장 좋아하는 음식은 뭐야?	What's your favorite food?
네 머리 스타일이 좋아.	I like your hairstyle.	네가 가장 좋아하는 책은 뭐야?	What's your favorite book?
네 웃음이 좋아.	I love your laugh.	함께 공부하자.	Let's study together.
네가 가장 좋아하는 게임은 뭐야?	What's your favorite game?	함께 공부할까?	Do you want to study together?
네가 가장 좋아하는 과목은 뭐야?	What's your favorite subject?	함께 놀까?	Do you want to hang out?
네가 가장 좋아하는 스포츠는 뭐야?	What's your favorite sport?		

ex "Your jokes are funny," she said with a smile.
"너의 농담은 재미있다." 그녀는 미소 지으며 말했다.

'힘든, 어려운' 표현

Joining them felt hard. 그들과 함께 어울리는 것이 어렵게 느껴졌다.

까다로운	tricky	매우 어려운	very hard
꽤 도전적인	quite challenging	벅찬	overwhelming
꽤 어려운	pretty difficult	힘든	demanding

ex It was tricky to write a story.
이야기를 쓰는 것은 까다로웠다.

직업 단어

My dad is a firefighter. 나의 아빠는 소방관이다.

간호사	a nurse	요리사	a chef
건축가	an architect	운동선수	an athlete
경찰관	a police officer	유튜버	a YouTuber
과학자	a scientist	인플루언서	an influencer
농부	a farmer	작가	a writer
데이터 과학자	a data scientist	조종사	a pilot
미용사	a hairdresser	치과의사	a dentist
변호사	a lawyer	프로그래머	a programmer
사진작가	a photographer	화가	an artist
앱 개발자	an app developer	회계사	an accountant
약사	a pharmacist		

ex I want to be a chef.
나는 요리사가 되고 싶다.

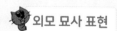 외모 묘사 표현

He is slim. 그는 날씬하다.

근육질의	muscular	아름다운	beautiful
스타일리시한	stylish	통통한	chubby

ex She is stylish.
그녀는 스타일리시하다.

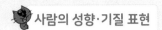 사람의 성향·기질 표현

She's truly special. 그녀는 정말 특별하다.

겸손한	humble	유머러스한	humorous
꾸준한	consistent	자신감 있는	confident
낙천적인	optimistic	재미있는	fun
독립적인	independent	지혜로운	wise
신뢰할 수 있는	trustworthy	차분한	calm
열심히 하는	hardworking	창조적인	imaginative
영리한	intelligent	친근한	friendly
용감한	brave	활발한	energetic

ex **My friend Tom is** humorous.
내 친구 톰은 유머러스하다.

빈도(~마다, 흔히) 표현

Every morning, **there is warm food from my mom.** 매일 아침, 나의 엄마가 만든 따뜻한 음식이 있다.

매번	Every time	주말에	On weekends
매일 오후에	Every afternoon	평일에	On weekdays
아침에	In the mornings	항상	Always
자주	Often		

ex Every afternoon, **she reads a book.**
오후마다, 그녀는 책을 읽는다.

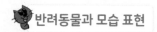 반려동물과 모습 표현

He is a small puppy. 초코는 작은 강아지다.

갈색 털의	brown-haired	재빠른	fast-moving
검은 털의	black-haired	점무늬가 있는, 얼룩무늬의	spotted
겁이 많은	timid	줄무늬의	striped
게으른	lazy	충성스러운	loyal
경계심이 강한	alert	파란 눈의	blue-eyed
매끄러운	sleek	푹신한	fluffy
시끄러운	noisy	활동적인	active
에너지 넘치는	energetic	흰 털의	white-haired

고슴도치	hedgehog	소라게	hermit crab
금붕어	goldfish	이구아나	iguana
달팽이	snail	타란툴라(독거미의 일종)	tarantula
물고기	fish		

ex Look at that blue-eyed fish!
파란 눈의 물고기를 봐!

memo

151

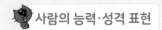 **사람의 능력·성격 표현**

Soomin is athletic. 수민이는 운동을 잘한다.

결단력 있는	decisive	예의바른	polite
독립적인	independent	유머러스한	humorous
똑똑한	intelligent	자신감 있는	confident
사교적인	sociable	재미있는	fun
성실한	diligent	정직한	honest
세심한	sensitive	참을성 있는	patient
예술적인	artistic		

ex I think you are very honest.
나는 네가 아주 정직하다고 생각한다.

옷·장신구 종류 표현

She wears cute glasses. 그녀는 귀여운 안경을 쓴다.

드레스	a dress	양말	socks
모자	a hat	운동화	sneakers
반바지	shorts	장갑	gloves
백팩	a backpack	청바지	jeans
스웨터	a sweater	카디건	a cardigan
스커트	a skirt	티셔츠	a t-shirt

ex My mom gave me a backpack as a gift.
엄마는 나에게 선물로 백팩을 주셨다.

 난이도 표현

Many words were easy. 많은 단어들은 쉬웠다.

기본적인	basic	복잡한	complicated
꽤 어려운	pretty difficult	약간 쉬운	slightly easy
매우 도전적인	very challenging	약간 어려운	slightly difficult
매우 쉬운	very easy	일반적인	standard
매우 힘든(어려운)	very hard		

ex The quiz seemed pretty difficult.
그 퀴즈는 정말 어려워 보였다.

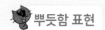 뿌듯함 표현

I felt proud after finishing a chapter. 나는 한 챕터를 다 읽고 나서 뿌듯했다.

기분이 매우 좋은	great	기쁜	joyful
기분이 상쾌한	refreshed	황홀해 하는	thrilled
기분이 좋은	good	편안한	comfortable
기뻐하는	delighted	흥분한	excited

ex The soccer match made me feel excited.
축구 시합은 나를 흥분시킨다.

memo

 스포츠 명칭

Badminton **always excites me.** 배드민턴은 항상 나를 신나게 한다.

골프	golf	양궁	archery
발레	ballet	유도	judo
스케이트 타기	ice skating	자전거 타기	cycling
스케이트보드 타기	skateboarding	태권도	taekwondo
스쿼시	squash	하키	hockey

Taekwondo **is my favorite sport.**
태권도는 내가 가장 좋아하는 스포츠이다.

 박수, 환호, 칭찬 표현

Everyone clapped **at the end.** 마지막에 모두가 박수를 쳤다.

감동받았다	was moved	따뜻한 미소를 보냈다	made a warm smile
기쁨으로 박수쳤다	clapped with joy	큰 박수를 보냈다	gave a big round of applause
기쁨으로 환호성을 질렀다	yelled with joy	행복한 환호를 했다	gave a happy cheer

The audience yelled with joy.
관중은 기쁨으로 환호성을 질렀다.

memo

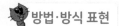 방법·방식 표현

I rode my bike quickly. 나는 나의 자전거를 빠르게 탔다.

게으르게	lazily	열심히	eagerly
긴장하여, 초조하게	nervously	우아하게	gracefully
능숙하게	skillfully	자신 있게	confidently
매끄럽게	smoothly	조심히	cautiously
빠르게	swiftly	활기차게	energetically
시끄럽게	loudly		

ex **I walked** swiftly **through the park.**
나는 공원을 통해서 빠르게 걸었다.

경로 표현

Today, Dad and I rode past the river. 오늘, 아빠와 나는 강을 지나서 탔다.

공원을 가로 질러서	around the park	시내 거리로	through the city
운동장 옆에	by the playground	역 주변으로	around the station
다리 아래로	under a bridge	정원을 가로 질러서	across a garden
마을 거리로	through the town	캠퍼스 내로	through the campus
상점가로	past shops	학교 근처로	near school
시골길로	on a country road	해변가로	along the beach

ex **She jogged** through the town **after school.**
그녀는 방과 후에 마을 거리로 조깅을 했다.

사과 표현

I said, "I'm sorry, Andy." 나는 "미안해, 앤디."라고 말했다.

그건 내 탓이야.	That's on me.	내가 잘못했어.	I was wrong.
내 실수였어.	My mistake.	너에게 상처 줘서 미안해.	I'm sorry for hurting you.
내 잘못이야.	My fault.	다시는 안 그럴게.	I won't do it again.
내가 무례했어.	I was rude.	미안해.	Sorry.
내가 예의 없었어.	I was impolite.	속상하게 해서 미안해.	Sorry for upsetting you.
내가 이기적이었어.	I was selfish.	정말 미안해.	I am so sorry.

ex He whispered, "My fault."
그는 "내 잘못이야."라고 속삭였다.

 노력, 다짐, 결심 표현

I'll try my best to be a better friend. 나는 더 좋은 친구가 되도록 최선을 다할 것이다.

더 참을성 있게 할게	be more patient	진지하게 생각할게	take it seriously
진심으로 노력할게	give it my all	최선을 다할게	give my best effort

ex I promise to give my best effort.
나는 나의 최선의 노력을 다할 것을 약속한다.

memo

156

 내가 해야할 일 표현

Mom helps me with my homework. 엄마는 나의 숙제를 도와주신다.

강아지 산책시키기	walking my dog	방 청소하기	cleaning my room
공예	my crafting	빨래 개기	folding laundry
과학 실험	my science experiment	시 쓰기	poetry writing
그림 그리기	drawing	역사 프로젝트	my history project
노래 연습	singing practice	옷 정리하기	organizing my clothes
독서	reading	침대 정리하기	making my bed
발표	my presentation	컴퓨터 프로그래밍	computer programming
방 정리하기	tidying my room	토론 연습	debate practice

ex **Dad guides me in** tidying my room.
아빠는 나에게 방 정리를 가르쳐 준다.

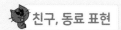 친구, 동료 표현

He is the best biking buddy. 그는 최고의 자전거 친구이다.

게임 동료	game pal	절친한 친구	bestie
공부 친구	study buddy	친구	play buddy
동반자	companion	친구	playmate
스포츠 파트너	sports partner		

ex **She's my favorite** playmate **ever.**
그녀는 내가 가장 좋아하는 친구이다.

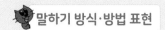 말하기 방식·방법 표현

I answer questions confidently. 나는 자신있게 질문에 대답한다.

강하게	strongly	조심스럽게	cautiously
기쁘게	happily	조용히	quietly
느리게	slowly	즐겁게	joyfully
부드럽게	softly	창의적으로	creatively
빠르게	quickly	친절하게	kindly
용기 있게	bravely	효과적으로	effectively
재미있게	amusingly	흥미롭게	interestingly
정중하게	politely	흥미진진하게	excitingly
정확하게	accurately		

ex I explain things politely to my friends.
나는 친구들에게 정중하게 그것들을 설명한다.

수업에 대한 느낌·반응 표현

His teaching style is fun. 그의 가르치는 방식은 재미있다.

너무 쉬운	too easy	어려운	difficult
너무 어려운	too hard	재미있게 전달하는	entertaining
도움이 되는	helpful	재미있는	amusing
명쾌한	clear	지루한	boring
실용적인	practical	흥미진진한	thrilling

ex The lesson is practical.
이 수업은 실용적이다.

다짐 표현

I will wake up earlier. 나는 일찍 일어날 것이다.

더 정돈된 생활을 하다	be more organized	성적을 향상시키다	get better grades
더 좋은 경청자가 되다	be a better listener	손글씨를 개선하다	improve my handwriting
더 참을성 있게 행동하다	be more patient	자주 웃다	smile more
물을 더 마시다	drink more water	집안일을 돕다	help with household chores
방을 깨끗이 유지하다	keep my room clean	채소를 더 먹다	eat more vegetables
새로운 친구를 사귀다	make new friends	더 많은 책을 읽다	read more books

ex I am going to drink more water.
나는 물을 더 마실 것이다.

줄이고 싶은 행동(고치고 싶은 행동)

I promise to reduce my screen time. 나는 나의 스크린 타임을 줄일 것을 약속한다.

TV 시청 시간을 줄이다	cut down on my TV time	불평을 줄이다	reduce my complaining
다른 사람 말을 끊지 않다	stop interrupting others	비디오 게임에 시간을 덜 쓰다	spend less time on video games
단 것을 덜 먹다	eat fewer sweets	소셜 미디어 사용 시간을 줄이다	reduce time spent on social media
부정적인 생각을 피하다	avoid negative thinking	쓰레기를 버리지 않다	stop littering
불량식품을 덜 먹다	eat less junk food	형제자매와 다투는 것을 줄이다	argue with siblings less

ex I need to eat fewer sweets from now on.
나는 지금부터 단 것을 덜 먹을 필요가 있다.

소원 표현

I would pick time travel. 나는 시간 여행을 선택할 것이다.

10개의 언어를 구사하기	speaking 10 languages	상대방의 생각을 읽기	reading others' minds
건물주 되기	owning a building	세계 여행을 하기	traveling the world
마법을 사용하기	using magic	슈퍼 히어로가 되기	becoming a superhero
모든 동물과 대화하기	talking to all animals	시간을 멈추기	stopping time
모든 악기를 마스터하기	mastering all musical instruments	억만장자가 되기	becoming a billionaire
모든 질병을 치료하기	curing all diseases	영원히 젊게 살기	staying young forever
모든 책을 읽기	reading every book	올림픽 금메달리스트가 되기	becoming an Olympic gold medalist
부자 되기	becoming rich	완벽한 기억력을 갖기	having a perfect memory

ex **I dream of** traveling the world **someday.**
나는 언젠가 세계 여행을 꿈꾼다.

과거의 유명인

I want to meet King Sejong. 나는 세종대왕을 만나 보고 싶다.

김구	Kim Gu	안중근	Ahn Jung-geun
레오나르도 다 빈치	Leonardo da Vinci	알베르트 아인슈타인	Albert Einstein
마리 퀴리	Marie Curie	유관순	Yu Gwan-sun
마이클 잭슨	Michael Jackson	테레사 수녀	Mother Teresa
스티븐 호킹	Stephen Hawking	토마스 에디슨	Thomas Edison
아이작 뉴턴	Isaac Newton	허준	Heo Jun

ex **I dream of talking to** Michael Jackson.
나는 마이클 젝슨과 말하기를 꿈꾼다.

비교 표현

I love computers more than toys. 나는 장남감보다 컴퓨터가 더 좋다.

과자보다 과일	fruit more than snacks	영화보다 만화	cartoons more than movies
과학보다 수학	math more than science	온라인 게임보다 보드 게임	board games more than online games
독서보다 글쓰기	writing more than reading	음악보다 그림	drawing more than music
미술 그리기보다 음악 듣기	listening to music more than drawing	축구보다 농구	basketball more than soccer
비디오 게임보다 책	books more than video games	춤보다 노래	singing more than dancing
수영보다 태권도	taekwondo more than swimming	텔레비전 시청보다 독서	reading more than watching television
수족관보다 테마파크	theme parks more than aquariums	피자보다 햄버거	hamburgers more than pizza

ex **She enjoys** basketball more than soccer.
그녀는 축구보다 농구를 더 좋아한다.

▶▶ [형용사] 원급-비교급-최상급 표현

• 긴-더 긴-가장 긴　　long-longer-longest
• 더운-더 더운-가장 더운　hot-hotter-hottest
• 젊은-더 젊은-가장 젊은　young-younger-youngest
• 넓은-더 넓은-가장 넓은　wide-wider-widest
• 작은-더 작은-가장 작은　small-smaller-smallest
• 행복한-더 행복한-가장 행복한　happy-happier-happiest

▶▶ [형용사] 원급-비교급-최상급 표현(암기가 필요한 불규칙 변화)

• 나쁜-더 나쁜-가장 나쁜　bad-worse-worst
• (셀 수 있는) 많은-더 많은-가장 많은　many-more-most
• 좋은-더 좋은-가장 좋은　good-better-best
• (셀 수 없는 것) 많은-더 많은-가장 많은　much-more-most
• 작은-더 작은-가장 작은　little-less-least

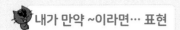 내가 만약 ~이라면… 표현

If I were the president, I would... 내가 만약 대통령이라면, 나는…

게임 개발자	a game developer	우주선 조종사	a spaceship pilot
세계적인 가수	a world-famous singer	의사	a doctor
시간 여행자	a time traveler	초능력자	a person with superpowers
여왕	a queen	텔레파시를 가진 사람	a person with telepathy
영화 스타	a movie star	판사	a judge
우주 해적	a space pirate		

ex **If I became** a person with telepathy, **I would...**
내가 만약 텔레파시를 가진 사람이라면, 나는...

내가 하기 싫은 활동/좋아하지 않는 것 표현

There would be no homework! 숙제는 없을 것이다!

긴 강의	long lectures	시끄러운 친구들	loud classmates
느린 인터넷	slow Internet	엄격한 규칙	strict rules
무거운 책가방	heavy backpacks	엄격한 선생님	strict teachers
방학 숙제	vacation homework	조기 기상	early wake-ups
수학 테스트	math tests	채소 먹기	eating vegetables

ex **Imagine a day without** an early wake-up.
조기 기상 없는 하루를 상상해 봐.

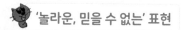 '놀라운, 믿을 수 없는' 표현

Two of me sounds amazing. 내가 두 명이라는 것은 멋지게 들린다.

경이로운	marvelous	매혹적인	fascinating
놀라운	astonishing	멋진	wonderful
눈이 휘둥그레지는	eye-opening	엄청난, 아주 멋진	awesome
대단한	impressive	훌륭한	excellent
마법 같은	magical	흥미진진한	thrilling
매력적인	charming		

ex **This idea is** impressive.
이 생각은 대단하다.

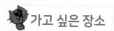 가고 싶은 장소

One would go to school. 한 명은 학교에 갈 것이다.

과학 박물관	a science museum	축제	a festival
마술쇼	a magic show	친구 집	a friend's house
볼링장	a bowling alley	캠핑장	a camping site
워터파크	a water park	콘서트	a concert
장난감 가게	a toy store	해변	a beach

ex **I'll go to** a beach.
나는 해변에 갈 것이다.

 하고 싶은 활동

I could learn new things. 나는 새로운 것을 배울 수 있다.

다양한 음식을 시도하다	try different foods	시연용 장난감을 가지고 놀다	play with demo toys
마술을 배우다	learn a magic trick	우주에 대해 배우다	learn about space
마술을 보다	watch tricks	워터슬라이드를 타다	slide down water slides
마시멜로를 구워 먹다	roast marshmallows	음악을 듣다	listen to music
모래성을 쌓다	build sandcastles	자연 탐험을 하다	explore nature
볼링을 치다	go bowling	친구 집에서 잠자다	have a sleepover
비디오 게임을 하다	play video games	친구들과 경쟁하다	compete with my friends
상호작용하는 실험을 하다	do interactive experiments	파도 풀에서 놀다	play in the wave pool
새 장난감을 고르다	choose a new toy	파도를 타다	surf the waves

ex **Let's** build a sandcastle **at the beach.**
해변에서 모래성을 쌓자.

memo

바빠 초등 영어 일기 쓰기

정답

① 정답을 확인한 후 틀린 문제는 ★표를 쳐 놓으세요.

② 틀린 문제는 다시 한 번 풀어 보세요.

③ STEP4의 영작 부분은 따로 색자로 표시했으니 참고해 보세요.

✿ 틀린 문제를 확인하는 습관을 들이면 공부 실력을 키울 수 있어요!

 정답

12~15쪽

DAY 01   A Fun Day at School

 QUIZ ★

1 Great job!
2 happy

 STEP 1

1 Math class was fun today.
2 I studied with my friends.
3 We worked on a math project.
4 My teacher said, "Great job!"
5 He gave me a high five.
6 We were happy.
7 My friends and I smiled.

 STEP 2

1 My teacher said, "You can do it!"
2 My teacher said, "Don't give up!"

 STEP 3

1 was
2 were
3 were

 STEP 4

1 Korean/Science/English/P.E./Art/Music class was fun today.
2 I studied with my friends.
3 We worked on a Korean/science/English/P.E./art/music project.
4 My teacher said, "Well done!/You have talent!/Excellent!"
5 We were happy.
6 My friends and I smiled.

16~19쪽

DAY 02   Mission Success

 QUIZ ★

1 clean the classroom
2 proud

 STEP 1

1 Mina and I had a job today.
2 Our job was to clean the classroom.
3 We scrubbed and dusted everything.
4 Our teacher saw our hard work.
5 He said we did an excellent job.
6 We felt proud.
7 Cleaning wasn't so bad after all.

 STEP 2

1 We felt tired.
2 We felt sad.

 STEP 3

1 picked
2 learned

 STEP 4

1 Jane and I had a job today.
2 Our job was to water the plants/collect homework/decorate the bulletin board.
3 We watered the plants/collected homework/decorated the bulletin board.
4 Our teacher saw our hard work.
5 He/She said we did an excellent job.
6 We felt satisfied/excited/confident.

DAY 03 | I Did It!

 QUIZ ★

1 a Korean presentation
2 everyone clapped for me

 STEP 1

1 Today I spoke in front of the class.
2 It was a Korean presentation.
3 Mom helped me practice yesterday.
4 When I started, I stumbled a little.
5 I was very nervous.
6 In the end, everyone clapped for me.
7 I did it!

 STEP 2

1 I sang a song in front of the class.
2 She danced in front of the class.

 STEP 3

1 went
2 met

 STEP 4

1 Today I played the violin/told a story/ acted out a role in front of the class.
2 It was a music festival/story time/ a drama performance.
3 When I started, I stumbled a little.
4 I was very nervous.
5 In the end, everyone clapped for me.
6 I did it!

DAY 04 | I Love Lunchtime

 QUIZ ★

1 fried chicken and kimchi
2 I ate everything on my plate

 STEP 1

1 The school lunch was amazing today.
2 I had fried chicken and kimchi.
3 The chicken was crispy and delicious.
4 I ate everything on my plate.
5 My friends and I enjoyed it.
6 I love lunchtime at school.
7 I can't wait for tomorrow.

 STEP 2

1 The pizza was savory.
2 The kimchi was spicy.

 STEP 3

1 water
2 money

 STEP 4

1 The school lunch was amazing today.
2 I had fried rice/ramen/*bibimbap*/pork cutlet/seaweed soup/egg roll.
3 The fried rice/ramen/*bibimbap*/pork cutlet/seaweed soup/egg roll was tender/ soft/flavorful/juicy/fresh/delicious.
4 My friends and I enjoyed it.
5 I love lunchtime at school.
6 I can't wait for tomorrow.

DAY 05 My New Deskmate

 QUIZ ★

1 I have a new deskmate.
2 quiet and shy

STEP 1

1 I have a new deskmate.
2 His name is Jihoon.
3 He is quiet and shy.
4 But he's good at drawing.
5 I like drawing, too.
6 We drew a dragon together.
7 I think we'll be good friends.

 STEP 2

1 He is outgoing.
2 She is witty.

 STEP 3

1 an
2 an
3 a
4 an

 STEP 4

1 I have a new deskmate.
2 His/Her name is Jimin/Jieun.
3 He/She is friendly/humble/cheerful/
  honest/timid/brave/smart.
4 But he's/she's good at running/writing/
  swimming/singing/taking photos/acting.
5 I like running/writing/swimming/singing/
  taking photos/acting, too.
6 I think we'll be good friends.

 DAY 06 Friends Fix Mistakes

 QUIZ ★

1 She made fun of my drawing.
2 She promised to be nicer.

STEP 1

1 Today I argued with Mina.
2 She made fun of my drawing.
3 I was upset.
4 Mina said she was joking.
5 She promised to be nicer.
6 I said sorry for yelling at her.
7 Friends can fix mistakes.

 STEP 2

1 I said sorry for cutting in line.
2 I said sorry for being late.

 STEP 3

1 He
2 We
3 I
4 They

 STEP 4

1 Today I argued with Jimin/Jieun.
2 He/She laughed at me/broke my pencil/
  hid my backpack.
3 I was uncomfortable/disappointed/furious.
4 He/She promised to be nicer.
5 I said sorry for yelling at him/her.
6 Friends can fix mistakes.

DAY 07   The Best Moment of the Day

1 how to swim
2 a fish

1 Today was an amazing day.
2 I learned how to swim.
3 I was nervous at first.
4 But then I started floating.
5 I felt like a fish.
6 It was the best moment of the day.
7 I can't wait for my next lesson.

1 I learned how to cook.
2 I learned how to ski.

1 your
2 my
3 her
4 their

1 Today was an amazing day.
2 I learned how to dance/act/sprint/sculpt/bake.
3 I was nervous at first.
4 But then I felt like a swan/a cheetah//an artist/a chef.
5 It was the best moment of the day.
6 I can't wait for my next lesson.

DAY 08   I'm the Chef

1 the curry
2 a great cook

1 I helped make dinner today.
2 Mom let me stir the curry.
3 I did not spill any.
4 Dad said I'm a great cook.
5 My parents clapped for me.
6 I'll help again soon.
7 Cooking was super fun.

1 Camping was super fun.
2 Fishing was super fun.

1 do not/don't
2 did not/didn't

1 I helped make breakfast/lunch/snack/dessert/meal today.
2 Mom let me roast/prepare/mix *bulgogi/jjigae/soup/sauce/batter*.
3 I did not spill any.
4 Dad said I'm a great cook.
5 My parents clapped for me.
6 Cooking was super fun.

DAY 09 Mom's Advice

 QUIZ ★

1 It was messy.
2 Take pride in your space

STEP 1

1 I didn't clean my room today.
2 It was messy.
3 My mom was not happy.
4 "Take pride in your space," she said.
5 I thought about it.
6 She was right.
7 Tomorrow will be a new start.

 STEP 2

1 My room was clean.
2 My room was untidy.

 STEP 3

1 was
2 was

 STEP 4

1 I didn't clean my bedroom/living room/ bathroom today.
2 It was dirty/dusty/unclean.
3 My grandma/grandpa/dad/sister was not happy.
4 "Take pride in your space," he/she said.
5 He/She was right.
6 Tomorrow will be a new start.

DAY 10 Tag! You're It!

 QUIZ ★

1 playing tag
2 My heart raced

 STEP 1

1 I love playing tag.
2 My friend was "it."
3 She said, "Tag! You're it!"
4 My heart raced when I was running.
5 Playing tag is more than just a game.
6 My friends make me laugh.
7 Playtime's over, but memories stay.

 STEP 2

1 I love playing hide-and-seek.
2 I love playing board games.

 STEP 3

1 was going
2 was reading

 STEP 4

1 I love playing the mafla game/red light, green light.
2 My friend was "it."
3 He/She said, "Tag! You're it!"
4 The mafla game/Red light, green light is more than just a game.
5 My friends make me joyful/active/thrilled/ passionate/cheerful.
6 Playtime's over, but memories stay.

DAY 11 A Heartwarming Video

 QUIZ ★

1 a lost puppy
2 I almost cried

STEP 1

1 A video caught my eye on YouTube.
2 It was about a lost puppy.
3 Luckily, the puppy found its family.
4 I almost cried at the end.
5 This video made my day.
6 I will watch it again tomorrow.
7 It's my favorite video now.

STEP 2

1 I laughed a lot.
2 I was surprised.

 STEP 3

1 He
2 We

 STEP 4

1 A video caught my eye on YouTube.
2 It was about a funny joke/my favorite character/a magic show.
3 I laughed out loud/was all smiles/clapped my hands.
4 This video made my day.
5 I will watch it again tomorrow.
6 It's my favorite video now.

 DAY 12 Happy Drawing Day

 QUIZ ★

1 drawing pictures
2 My teacher hung it on the wall.

STEP 1

1 I'm good at drawing pictures.
2 I drew my friend Mina.
3 My friends loved my artwork.
4 They always ask for more.
5 My teacher hung it on the wall.
6 I will draw more tomorrow.
7 Drawing makes me very happy.

 STEP 2

1 I will draw more tonight.
2 I will draw more after school.

 STEP 3

1 will
2 will

 STEP 4

1 I'm good at drawing pictures.
2 I drew a superhero/my family/my friend/my school/my pet.
3 My friends loved my artwork.
4 They always ask for more.
5 My teacher hung it on the wall.
6 I will draw more after lunch/during recess/on the weekend.

DAY 13 A Smart Wish

 QUIZ ⭐

1 a smartphone
2 use it too much

 STEP 1

1 My friend showed me her smartphone.
2 She looked happy.
3 I really want a smartphone.
4 I asked my mom again.
5 She said she would think about it.
6 She worries I will use it too much.
7 I hope she says, "Yes."

 STEP 2

1 I want a tablet.
2 I want a gaming console.

 STEP 3

1 The game looks interesting.
2 The TV sounds loud.

STEP 4

1 My friend showed me his/her smartwatch/laptop/drone.
2 He/She looked happy.
3 I really want a smartwatch/laptop/drone.
4 I asked my mom again.
5 She worries I will use it too much.
6 I hope she says, "Definitely!/Certainly!/Let's get it."

 DAY 14 A Day Off

 QUIZ ⭐

1 go to math class
2 play with my friends

 STEP 1

1 Today I didn't want to go to math class.
2 I wanted to play with my friends instead.
3 So I told my mom about it.
4 She said to take a break.
5 I am glad she understands.
6 But I know I need to study.
7 I will try harder tomorrow.

 STEP 2

1 I didn't want to do my homework.
2 I didn't want to write my diary.

 STEP 3

1 I wanted to play with my friends.
2 Mom said to take a break.

STEP 4

1 Today I didn't want to do my homework/go to piano class/exercise.
2 I wanted to play a computer game/listen to music/watch TV.
3 So I told my mom about it.
4 She said to take a break.
5 I am glad she understands.
6 I will try harder tomorrow.

DAY 15 Closer Tomorrow

 QUIZ ★

1 Joining them felt hard.
2 I will say, "Hello."

 STEP 1

1 Harin enjoyed her time with her friends.
2 I watched from a distance.
3 Joining them felt hard.
4 I wish I had been there.
5 Being friends would be nice.
6 Tomorrow, I will say, "Hello."
7 Maybe that's a start.

STEP 2

1 Tomorrow, I will say, "Can I join you?"
2 Tomorrow, I will say, "I love your shoes!"

 STEP 3

1 walking / Walking
2 watching / Watching

 STEP 4

1 Jimin/Jieun enjoyed his/her time with his/her friends.
2 Joining them felt difficult/tough/challenging/not easy/quite hard/pretty tough.
3 I wish I had been there.
4 Being friends would be nice.
5 Tomorrow, I will say, "Let's play together!/Let's have lunch!/It is awesome!"
6 Maybe that's a start.

DAY 16 My Dad

 QUIZ ★

1 firefighter
2 morning jogs

 STEP 1

1 My dad is a firefighter.
2 He saves people from fires.
3 He wears a big red helmet.
4 He is slim from his morning jogs.
5 And he makes jokes every day.
6 I love my dad.
7 He is a superhero.

STEP 2

1 My dad is a teacher.
2 My dad is a designer.

 STEP 3

1 saves
2 wear
3 makes

 STEP 4

1 My dad is a doctor/a shop owner/an engineer.
2 He wears a shirt/a suit/a uniform.
3 He is fat/fit/tall/short/handsome.
4 And he makes jokes every day.
5 I love my dad.
6 He is a superhero.

DAY 17 Thank You, Mom

 QUIZ ★

1 warm food
2 truly special

 STEP 1

1 My mom always works hard.
2 Yet she never forgets me.
3 Every morning, there is warm food from my mom.
4 Even though she's tired, she smiles for me.
5 At bedtime, it's just my mom and me.
6 She reads books to me, and we laugh together.
7 She's truly special.

 STEP 2

1 She's truly warm-hearted.
2 She's truly precious.

 STEP 3

1 are
2 is
3 is

 STEP 4

1 My mom always works hard.
2 Yet she never forgets me.
3 Every evening/Every weekend/Every day/Most days/Usually, there is warm food from my mom.
4 At bedtime, it's just my mom and me.
5 She reads books to me, and we laugh together.
6 She's truly loving/caring/selfless/patient/kind/understanding.

DAY 18 My Little Buddy

 QUIZ ★

1 a small puppy
2 movements

 STEP 1

1 My puppy's name is Choco.
2 He is a small puppy.
3 He enjoys his little snacks.
4 And he runs around a lot.
5 His cute movements make my heart melt.
6 He is more than just a pet.
7 He is my little brother.

 STEP 2

1 He is a big puppy.
2 He is a furry puppy.

 STEP 3

1 The girl reads a book.
2 I eat an apple.

 STEP 4

1 My dog/cat/hamster/parrot/turtle/rabbit's name is Mini.
2 He/She is a quiet/playful/cute/smart/tiny/loud/slow dog/cat/hamster/parrot/turtle/rabbit.
3 He/She enjoys his/her little snacks.
4 His/Her cute movements make my heart melt.
5 He/She is more than just a pet.
6 He/She is my little brother/sister.

174

DAY 19 My Classmate

 QUIZ ★

1 my homework
2 badminton

 STEP 1

1 Soomin is my class buddy.
2 She helped me with my homework.
3 She can solve difficult math problems.
4 She wears cute glasses.
5 She is also athletic.
6 Her favorite sport is badminton.
7 I'm glad she's my friend.

STEP 2

1 Soomin is cheerful.
2 Soomin is creative.

 STEP 3

1 swim
2 come

 STEP 4

1 Jimin/Jisoo is my class buddy.
2 He/She helped me with my homework.
3 He/She can solve difficult math problems.
4 He/She wears pretty earrings/a baseball cap/a bracelet/a hoodie/a watch.
5 Jimin/Jisoo is also generous/funny/witty /friendly/gentle.
6 I'm glad he's/she's my friend.

DAY 20 Chapter One, Done!

 QUIZ ★

1 English
2 I looked up the words

 STEP 1

1 My new book is about a wizard.
2 It is an English book.
3 Many words were easy.
4 But I looked up the words I didn't know.
5 I felt proud after finishing a chapter.
6 I want to try another book like this.
7 Reading English books is exciting!

 STEP 2

1 Many words were tricky.
2 Many words were not bad.

 STEP 3

1 many
2 much

 STEP 4

1 My new book is about a wizard.
2 It is an English book.
3 Many words were difficult/tough/hard/ simple/too hard/fine/okay/all right.
4 But I looked up the words I didn't know.
5 I felt confident/satisfied/pleased/ contented/rewarded after finishing a chapter.
6 Reading English books is exciting!

DAY **21** An Epic Game

 QUIZ ★

1 Andy
2 Everyone clapped

 STEP 1

1 I had a badminton match at school.
2 It was a doubles match.
3 I played with Andy.
4 We played an epic game.
5 I put on an amazing performance.
6 Everyone clapped at the end.
7 Badminton always excites me.

 STEP 2

1 Soccer always excites me.
2 Basketball always excites me.

STEP 3

1 a
2 a
3 an
4 an
5 an
6 a

 STEP 4

1 I had a table tennis(ping-pong)/T-ball/
softball/volleyball/baseball/tennis/
dodgeball match at school.
2 I played with Jimin/Jisoo.
3 We played an epic game.
4 I put on an amazing performance.
5 Everyone cheered/shouted/went wild at
the end.
6 Table tennis(Ping-pong)/T-ball/
Softball/Volleyball/Baseball/Tennis/
Dodgeball always excites me.

 DAY **22** My Pedal Pal

 QUIZ ★

1 past the river
2 other families biking

STEP 1

1 What's my favorite thing? My bike.
2 I can explore a new route every day.
3 Today, Dad and I rode past the river.
4 I rode my bike quickly.
5 Dad let me win the race.
6 We saw other families biking, too.
7 A day like this is my favorite.

 STEP 2

1 I rode my bike slowly.
2 I rode my bike carefully.

 STEP 3

1 She sang loudly.
2 The cat moved silently.

 STEP 4

1 What's my favorite thing? My bike.
2 I can explore a new route every day.
3 Today, Dad and I rode past the forest/
along the bike path/through the park.
4 I rode my bike carefully/fast/happily/
gently/wildly/quietly.
5 We saw other families biking, too.
6 A day like this is my favorite.

DAY 23 — Lesson Learned

DAY 24 — Mom, Dad, and Me

DAY 23 — Lesson Learned

 QUIZ ★

1 I made fun of Andy's new shoes
2 I'm sorry

STEP 1

1 Words can sometimes hurt.
2 I made fun of Andy's new shoes.
3 Later, I realized my mistake.
4 After school, I apologized to him.
5 I said, "I'm sorry, Andy."
6 Luckily, his smile returned.
7 I'll try my best to be a better friend.

 STEP 2

1 I said, "I apologize, Andy."
2 I said, "I regret it, Andy."

 STEP 3

1 Luckily
2 happily

 STEP 4

1 Words can sometimes hurt.
2 I made fun of Jimin/Jieun's new shoes.
3 After school, I apologized to him.
4 I said, "I messed up/I was wrong/I crossed the line, Jimin/Jieun."
5 Luckily, his/her smile returned.
6 I'll do my best/work harder/make an effort to be a better friend.

DAY 24 — Mom, Dad, and Me

 QUIZ ★

1 my homework
2 rides bikes

STEP 1

1 Mom and Dad are special.
2 Mom helps me with my homework.
3 She is always kind and patient.
4 Dad rides bikes with me.
5 He is the best biking buddy.
6 I feel their love every day.
7 Thank you, Mom and Dad.

 STEP 2

1 Mom helps me with my writing.
2 Mom helps me with my cleaning.

 STEP 3

1 ①
2 ②
3 ②

 STEP 4

1 Mom and Dad are special.
2 Mom helps me with my assignments/projects/math problems/handwriting.
3 She is always kind and patient.
4 Dad rides bikes with me.
5 He is the best biking friend/pal/mate/partner.
6 I feel their love every day.

DAY 25 — From Shy to Shining

QUIZ ★

1 making mistakes
2 English

STEP 1

1 Is English always difficult?
2 My teacher makes English easy.
3 His teaching style is fun.
4 English isn't my enemy anymore.
5 I'm not afraid of making mistakes.
6 I answer questions confidently.
7 Now, my favorite class is English.

STEP 2

1 I answer questions loudly.
2 I answer questions easily.

STEP 3

1 Is the book long?
2 Were the cars fast?

STEP 4

1 Is English alway difficult?
2 My teacher makes English easy.
3 His/Her teaching style is interesting/ exciting/motivating/easy to understand.
4 English isn't my enemy anymore.
5 I answer questions clearly/brightly/ correctly/proudly.
6 Now, my favorite class is English.

DAY 26 — New Year's Resolutions

QUIZ ★

1 reading many books
2 my screen time

STEP 1

1 I have three New Year's resolutions.
2 Reading many books is my first goal.
3 I think I only read two books this year.
4 I also promise to reduce my screen time.
5 Lastly, I will wake up earlier.
6 That means going to bed early!
7 I hope to have a great year.

STEP 2

1 I will eat healthier.
2 I will read every day.

STEP 3

1 are → is
2 are → is

STEP 4

1 I have three New Year's resolutions.
2 Reading many books is my first goal.
3 I think I only read two books this year.
4 I also promise to stop biting my nails/ avoid junk food/reduce my late nights.
5 Lastly, I will study harder/exercise regularly/save my allowance.
6 I hope to have a great year.

DAY 27 My Wish

 QUIZ ★

1 time travel
2 myself in the future, flying cars

 STEP 1

1 What if I had a wish?
2 I would pick time travel.
3 I want to meet King Sejong.
4 What was an old school like?
5 I could also see myself in the future.
6 Will there be flying cars?
7 Time travel sounds so exciting.

 STEP 2

1 I would pick flying.
2 I would pick invisibility.

 STEP 3

1 introduced himself
2 scratched itself

STEP 4

1 What if I had a wish?
2 I would pick time travel.
3 I want to meet Steve Jobs/Admiral Yi Sun-sin.
4 What was an old bathroom/clock/vehicle/phone/textboook like?
5 Will there be flying cars?
6 Time travel sounds so exciting.

DAY 28 A Future Engineer

 QUIZ ★

1 computers
2 an engineer

 STEP 1

1 I love computers more than toys.
2 Games are more fun than TV shows.
3 Dad's laptop is bigger than mine.
4 Dad shows me some cool programs.
5 I'll invent the best gadget.
6 I dream of future tech.
7 I will be an engineer.

 STEP 2

1 I love ice cream more than cake.
2 I love dogs more than cats.

 STEP 3

1 smaller
2 heavier

 STEP 4

1 I love smartphones/tablets/VR headsets/drones/smart speakers/bluetooth earphones/3D printers/3D pens/digital cameras more than toys.
2 They are more fun than TV shows.
3 Dad shows me some cool smartphones/tablets/VR headsets/drones/smart speakers/bluetooth earphones/3D printers/3D pens/digital cameras.
4 I'll invent the best gadget.
5 I dream of a tech future.
6 I will be an engineer.

DAY 29 | The President

 QUIZ ★

1 the happiest country
2 homework

 STEP 1

1 If I were the president,
2 I would make the happiest country.
3 No one would be sad or hungry.
4 I would build homes for the homeless.
5 I would also make the safest streets.
6 And there would be no homework!
7 One day, who knows?

 STEP 2

1 If I were a superhero, I would…
2 If I were an astronaut, I would…

STEP 3

1 the youngest
2 the biggest

 STEP 4

1 If I were a wizard/a king/a congressman.
2 I would make the happiest country.
3 No one would be sad or hungry.
4 I would also make the safest streets.
5 And there would be no studying/chores/ nagging/short vacations!
6 One day, who knows?

DAY 30 | Double Me

 QUIZ ★

1 go to school
2 play soccer

 STEP 1

1 Imagine having two of me.
2 One would go to school.
3 The other would play soccer.
4 I could learn new things in school.
5 I could score goals in soccer.
6 Two of me sounds amazing.
7 Every day would be double fun.

 STEP 2

1 Two of me sounds incredible.
2 Two of me sounds fantastic.

 STEP 3

1 Walk
2 Finish

 STEP 4

1 Imagine having two of me.
2 One would go to the library/the amusement park/the sports stadium.
3 The other would play soccer.
4 I could read a book/ride the rides/watch a performance.
5 I could score goals in soccer.
6 Two of me sounds amazing.